TRAITÉ

DE LA

DÉFENSE DES PLACES FORTES.

LAGNY. — IMPRIMERIE DE GIROUX ET VIALAT.

... DE SAINT-... (... ROLAND)

...ndateur de l'ancien ... de Cherbourg, Auteur du Traité de Défense des
Places fortes avec application à la place de Landau.

TRAITÉ

DE LA DÉFENSE

DES

PLACES FORTES

AVEC

APPLICATION A LA PLACE DE LANDAU,

Rédigé en 1723

Par HUE DE CALIGNY (LOUIS-ROLAND).

Directeur-Général des fortifications des places et ports des haute et basse Normandie. — Commandant en chef du génie à l'armée de Bavière, etc.

PRÉCÉDÉ D'UN AVANT-PROPOS

Par M. FAVÉ, Capitaine d'artillerie.

(AVEC PLAN).

(Ouvrage orné du portrait de l'Auteur).

Paris,

J. CORRÉARD, ÉDITEUR D'OUVRAGES MILITAIRES,

RUE DE L'EST, 9.

1846

AVANT-PROPOS.

M. Augoyat a publié, depuis 1841, plusieurs volumes de Mémoires inédits du maréchal de Vauban extraits des papiers de la famille Hüe de Caliguy, qui a fourni aux siècles de Louis xiv et de Louis xv, des ingénieurs de grand mérite.

Les travaux que nous publions actuellement proviennent de la même source, et ils sont, pour la plupart, le produit de l'expérience et du savoir de ces frères de Caligny que M. Augoyat a fait connaître dans la *Notice historique sur les ingénieurs de Caligny*, placée en tête du premier volume des Mémoires dont nous venons de parler.

Le plus remarquable, sans contredit, des écrits que nous publions, est un projet relatif à la défense de la place de Landau, composé en 1723, par Louis-Roland Hüe de Caligny. Il était, depuis plusieurs années, ingénieur-en-chef de cette place importante qu'il connaissait dans tous ses détails et pour l'amélioration de laquelle il avait fait des projets remarquables.

Dans son Mémoire, l'auteur commence par indiquer les précautions à prendre dans l'apparence d'une investiture prochaine; il indique sur la carte tous les travaux qu'il faudra exécuter.

Passant à l'investiture, il examine la probabilité qu'il y a à ce que l'ennemi construise des lignes de circonvallation, et indique ce que la défense aura à faire dans l'un et l'autre cas, après quoi il arrive aux attaques. Là, il fait avec l'assié-geant le tour de la place pour discuter successivement tous les points d'attaque, et indiquer quels avantages la défense pourrait se procurer et quels ouvrages elle devrait exécuter dans chaque cas.

Arrivant au front que l'ennemi choisira vraisemblable-ment pour point d'attaque, à cause de la connaissance qu'il a précédemment prise de la place, M. de Caligny suit l'assié-geant pas à pas dans la marche de ses attaques, faisant sur leur direction diverses suppositions qui font varier les mesures à prendre par la défense.

Quand les tranchées sont arrivées à proximité de la place, les assiégés entreprennent de mettre à exécution un projet très hardi et très étudié qui consiste à détourner le cours de la rivière pour inonder une partie des travaux de l'assiégeant, et l'obliger à reporter ailleurs son attaque.

Dans la supposition où l'ennemi conserverait encore assez de ressources pour entreprendre en quelque sorte un nouveau siége, il faut discuter encore le second point d'attaque qu'il pourra choisir et entrer de nouveau dans le détail de toutes les combinaisons de la défense.

Comme il n'existe plus de moyen d'arrêter par une inon-dation subite la marche de l'attaque, il faudra prendre des mesures pour la défense des ouvrages avancés, des chemins couverts, des demi-lunes, des contre-gardes et des tours bastionnées. L'expérience des siéges précédents fournit un grand nombre de données utiles et instructives dont M. de Caligny a soin de profiter.

L'auteur termine son ouvrage, par l'étude d'une partie toute pratique et très importante de l'art de la défense ; la formation et la conservation des approvisionnements de toute nature. Il donne, en détail, la capacité de tous les souterrains qui se trouvent dans la place, puis déterminant la garnison qui sera nécessaire à sa défense, et estimant le temps que cette défense pourra durer, il forme le tableau de toutes les denrées, de toutes les munitions que le gouverneur devra rassembler avant d'être investi.

Cette manière de mettre la défense pour ainsi dire en action dans une place qui avait eu à soutenir quatre siéges assez récents, est on ne peut plus intéressante et instructive. Ce travail est à nos yeux un traité classique de la défense des places fortes, bien supérieur pour la clarté et la méthode, à l'ouvrage de Vauban.

Nous professons pour ce grand homme une admiration presque sans bornes et qui s'accroît toujours en étudiant ses travaux, en relisant ses œuvres si variées. Les écrits de Vauban ne sont cependant pas tous à la même hauteur : son traité de l'Attaque des Places est un chef-d'œuvre auquel Vauban n'aurait presque rien à ajouter ou à changer s'il revenait aujourd'hui. Son traité de la Défense des Places n'a pas, suivant nous, atteint la même perfection. Ce n'est pas que l'on puisse citer beaucoup de principes appuyés, depuis lui, sur une expérience incontestable et qui manquent à ce livre. Il n'y en a peut-être pas qu'on ne puisse y trouver ; mais il faudrait se donner la peine de les chercher.

L'ouvrage se compose de plusieurs parties qui ne sont pas liées les unes aux autres : il est, à cause de cela, assez difficile à lire avec suite, et plus utile, peut-être, à consulter pour ceux qui savent, qu'à étudier pour les jeunes militaires qui veulent s'instruire dans l'art de la défense des places.

Ce sont précisément les qualités qui manquent au Traité de Vauban, que nous trouverons à un haut degré dans l'ouvrage de **M.** de Caligny. Aussi, n'avons-nous pas hésité à en changer le titre pour mieux indiquer le but que l'ouvrage nous paraît remplir.

Après avoir lu ce livre, le lecteur jugera s'il ne pense pas comme nous qu'il pourrait y avoir grande utilité à faire exécuter, sur chaque place, un travail analogue à celui-ci, et calqué sur ce modèle ; le conseil de défense n'aurait, pour ainsi dire, qu'à ouvrir ce mémoire pour savoir ce qu'il y aurait de mieux à faire à un instant quelconque du siége.

Il ne faudrait cependant pas se faire illusion sur ce point, et croire qu'il serait facile de rédiger de pareils projets ; ils exigeront toujours, pour être bien faits, que leur auteur connaisse la place dans tous ses détails, dans toutes ses propriétés, et qu'il ait aussi profondément étudié l'art d'attaquer et de défendre les places.

Le passage suivant qui se trouve au commencement du mémoire de **M.** Louis-Roland de Caligny, montre que cet ingénieur ne se faisait illusion ni sur la difficulté de la tâche qu'il avait entreprise, ni sur la manière de l'exécuter.

« Lorsqu'une place est attaquée, dit-il, l'assiégé reçoit, pour ainsi dire, l'ordre de l'assiégeant, c'est-à-dire qu'il est obligé de régler la défense sur l'attaque ; ainsi il est difficile de se faire des règles bien justes sur la défense d'une place telle que Landau, qui pourrait être attaquée d'une manière toute nouvelle et à laquelle on ne s'attendrait pas. Quoi qu'il en soit, je ne laisserai pas de mettre en écrit ce que j'ai pensé là-dessus à différentes fois depuis plusieurs années, et ce que j'ai pu recueillir d'instruction dans les mémoires de M. le maréchal de Vauban, et autres que j'ai entre les mains, dans lesquels je dois dire que j'ai puisé ce qu'il y a de meilleurs dans celui-ci, tant pour ne point passer pour plagiaire, que pour donner plus d'autorité à ce que je proposerai pour la défense de cette place, qui exige des manœuvres extraordinaires et peu communes aux autres, tant par le nombre de ses ouvrages détachés, que par sa fortification qui lui est particulière. »

Outre le moyen de défense par une grande manœuvre d'eau qui appartient entièrement à **M. Roland de Caligny,** on remarquera aussi l'idée bien précisée de réserver les mortiers et les bombes pour les employer contre les batteries de brèche. On sait que **M.** le général Paixhans a donné depuis une nouvelle extension à cette idée, en conseillant de construire des blindages ou des casemates pour abriter les mortiers à une petite distance des batteries de brèche.

FAVÉ,
Capitaine d'artillerie.

NOTICE BIOGRAPHIQUE

SUR

Louis-Roland HUE de CALIGNY.

------------◦◦------------

M. Augoyat a fait sur les ingénieurs Hüe de Caligny une notice publiée en tête des œuvres inédites de Vauban, extraites de leurs papiers et à laquelle on renvoie, en complétant ce qui concerne l'habile et modeste auteur de cet écrit.

Louis–Roland Hüe de Caligny, appelé le chevalier de Caligny, parce qu'il était le dernier des cinq frères, était comme eux fils du directeur des fortifications des côtes de Bretagne.

Né en 1677, admis dans le corps du génie en 1702, il avait déjà assisté comme officier de l'armée, avec ses frères, à plusieurs siéges de Flandre. Il est même cité dans une lettre autographe de Louis xiv au marquis de Tourouvre, datée du 11 mai 1697. Au début de sa carrière, il fut dirigé d'une manière toute paternelle par son frère aîné Jean-Anthénor. Voici même à ce sujet un extrait de la correspondance de ce dernier avec M. Lepeletier.

« Je vous prie, lui écrivait M. Lepeletier, le 5 février 1702, « de me faire savoir de bonne foi et avec la sincérité dont

« nous devons user l'un avec l'autre, le jugement que vous
« faites de la capacité de votre frère que je voudrais em-
« ployer comme ingénieur... J'ai si bonne opinion de votre
« bonne foi, que je m'en rapporte à vous. » Jean-Anthénor lui répondit le 10 février :

« Rien ne peut me toucher ni me flatter davantage que
« la bonté et la confiance dont vous m'honorez en me ren-
« dant juge dans la propre cause de mon frère. Je ressens,
« Monsieur, avec une extrême reconnaissance, cette marque
« de votre estime dont je me jugerais trèsindigne si je m'en
« servais pour vous surprendre..... J'ose dire qu'il ne man-
« que pas de génie, et qu'il promet quelque chose. » Nous
avons pensé qu'il ne serait pas sans intérêt de reproduire ce
passage, qui décida de la carrière de Louis-Roland, dont le
fils unique, lui-même ingénieur distingué, épousa depuis la
petite-fille de Jean-Anthénor, de sorte que la famille Hüe
de Caligny descend du plus jeune et de l'aîné des cinq frères.

Le maréchal d'Asfeld avait une haute estime pour Louis-
Roland, comme on le voit par la correspondance du maréchal, et par celle de M. de Caux. On conserve même de l'é-
criture de d'Asfeld, les états de service des deux frères Hercule
et Louis-Roland, rédigés quand il demanda pour eux le
grade de brigadier des armées. Ce dernier assista aussi à plusieurs siéges et batailles mémorables, ayant fait neuf campagnes en Allemagne avant la prise de Rastadt, et s'étant trouvé
aux deux passages du Rhin. Il prit part au bombardement
de Bruxelles et de plusieurs autres villes de Flandre, au siége
d'Ath, à la défense et à la reprise de Haguenau ; fit les siéges
de Schorendorf, de Landau, de Fribourg, de Kehl, de Philisbourg, etc., et fut plusieurs fois grièvement blessé. Il était

commandant–en–chef des trois brigades du génie à l'armée sur
la Meuse en 1741, et à l'armée de Bavière en 1743. Il est
cité à ce sujet dans les campagnes du maréchal de Broglie.

Après avoir été ingénieur à Lauterbourg en 1707, et depuis ingénieur-en-chef du département de Landau, il fut
nommé en 1728, à la direction générale des fortifications des
places et ports des haute et basse Normandie, vacante par la
mort de son frère Hercule. A quelques exceptions près,
pendant quarante ans de 1710 à 1748, ces deux ingénieurs
ont rédigé les projets de la plupart des constructions qui se
sont faites dans les places et ports de Normandie. Leurs plans
et mémoires sur ce sujet forment un grand ensemble
conservé au dépot des fortifications.

« De 1716 à 1723, dit M. Augoyat, étant ingénieur-en-
« chef à Landau, il composa des mémoires intéressants sur
« cette place. Son mémoire de 1723 sur la défense de Lan-
« dau dans lequel il rappelle tout ce qui doit se pratiquer à
« la défense d'une place, peut être considéré comme une
« excellente instruction sur ce sujet.

« Directeur en Normandie, il a fait exécuter beaucoup de
« travaux utiles dans les ports de Dieppe, du Hâvre, de
« Honfleur. Parmi ces travaux, sont les fontaines du Hâvre
« célèbres dans l'hydraulique expérimentale à cause de ce
« qu'en a dit Bossut. Cherbourg lui dut un bassin à flot, ca-
« pable de recevoir les plus gros bâtiments du commerce et
« des frégates de 20 à 40 canons. Jusque-là, cette ville n'a-
« vait eu qu'un port naturel qui était le lit de la Divette dans
« lequel les navires étaient à sec à marée basse. Ce port
« était néanmoins si fréquenté, à raison de la facilité de son
« entrée et de la sûreté que les bâtiments y trouvaient, que

« Vauban l'appelait l'*Auberge de la Manche*. M. de Ca-
« ligny fit son projet en 1731 ; il se régla sur les fonds qu'on
« pouvait y consacrer. Il proposa le revêtement d'une partie
« du chenal de la Divette, une porte éclusée dite d'Ebe pour
« retenir la marée descendante et un aqueduc pour écouler
« au besoin les eaux. Les travaux commencèrent en 1728,
« sous le ministère du cardinal de Fleury. Poussés avec ac-
« tivité par l'ingénieur-en-chef de la place, M. de Caux, ils
« furent terminés dans l'espace de quatre ans. Les habitants
« admirèrent la beauté et la solidité de l'ouvrage et deman-
« dèrent la continuation des jetées du chenal. A son retour
« de l'armée, en 1745, le chevalier de Caligny fit construire
« la nouvelle enceinte de Carentan, poste militaire auquel
« les circonstances et sa position à la gorge de la presqu'île
« du Cotentin, avaient donné une importance qu'il n'a plus
« aujourd'hui. En 1758, les Anglais ruinèrent entièrement
« par la mine, les travaux du port de Cherbourg, pendant
« les huit jours qu'ils en furent maîtres. La description en
« est conservée dans Bélidor, qui regrette que l'auteur du pro-
« jet (qu'il eut bien pu nommer) n'ait pas ajouté une porte
« du flot contre la marée montante, afin de pouvoir à vo-
« lonté tenir le port à sec. L'observation en avait été faite à
« M. de Caligny par M. d'Asfeld ; mais on considéra que la
« construction de cette porte élèverait la dépense au-delà
« de la somme qui avait été allouée et que l'on pouvait s'en
« passer comme cela se fait dans plusieurs ports. »

Louis-Roland mourut en 1748. Il est fait une mention
très honorable de *ses bons et longs services* dans les lettres
patentes du roi, données au camp devant Tournay, en mai
1745, enregistrées à Rouen avec les armes de la famille, et

par lesquels le nom de Caligny est devenu nom de famille, abstraction faite de la possession de la terre, à cause, y est-il dit, des services des Hüe de Caligny et de l'ancienneté de leur origine. *

CORRÉARD.

* Les diverses notices publiées sur cette famille sont rédigées principalement sur un ouvrage italien, cité dans celle de M. Augoyat, p. 1, note 2, intitulé : *Preuves de noblesse du marquis Hüe de Caligny* devant l'ordre de Malte, par de Bar et Texier de Hautefeuille, grands-prieurs de cet ordre, in-4, Rome, 1773, et sur les arrêts du Conseil-d'État de France, rendus sous l'ancienne monarchie, en faveur des titres des *marquis de Caligny ès-noms et qualités, Sa Majesté y étant.* Nous nous contenterons de citer avec M. Augoyat la notice rédigée par M. Lainé, dans le tome VII des *Archives historiques de la noblesse de France.* Voir aussi le *Nobiliaire universel de France,* tome XXI, page 18, et la *Biographie universelle,* t. LXVII, p. 410. M. le vicomte du Moncel, fils du général de ce nom, a aussi publié une notice intéressante dans sa *Revue archéologique* du département de la Manche, où il a gravé un château des Caligny, et les anciens blasons qui y sont sculptés ; c'est dans ce château que demeura la sœur de Bayard, une de leurs aïeules.

Nous croyons devoir rappeler aussi que dans les histoires des siècles de Louis XIV et de Louis XV, ces ingénieurs ne sont pas tous cités sous le nom de Caligny, quelques-uns ayant porté les noms Hüe de Luc et de Languune qui étaient aussi des fiefs auprès de Caen.

TRAITÉ

DE LA DÉFENSE

DES

PLACES FORTES

AVEC

APPLICATION A LA PLACE DE LANDAU,

Rédigé en 1723,

Par l'Ingénieur **Rolland HUE de CALIGNY.**

Quoique nous soyons en temps de paix, et que la guerre paraisse éloignée avec l'Empire, j'ai cependant cru que je ne pouvais mieux employer mes moments de loisirs qu'à travailler au projet de la défense d'une place de la conséquence de celle-ci, qui couvre toute la vaste Alsace, qui a fait l'attention de toute l'Europe lors des quatre siéges qu'elle a soutenus pendant la dernière guerre, et qui pourrait être encore exposée à un nouveau lorsqu'on s'y attendrait le moins.

Lorsqu'une place est attaquée, l'assiégé reçoit, pour ainsi dire, l'ordre de l'assiégeant, c'est-à-dire qu'il est obligé de régler la défense sur l'attaqne; ainsi il est difficile de se faire des règles bien justes sur la défense d'une place telle que Landau, qui pourrait être attaquée d'une manière toute nouvelle et à laquelle on ne s'attendait pas. Quoi qu'il en soit, je ne laisserai pas de mettre en écrit ce que j'ai pensé là-dessus à différentes fois depuis plusieurs années, et ce que j'ai pu recueillir d'instructions dans les mémoires de **M.** le maréchal de Vauban, et autres que j'ai entre les mains, dans lesquels je dois dire que j'ai puisé ce qu'il y a de meilleur dans celui-ci, tant pour ne point passer pour plagiaire, que pour donner plus d'autorité à ce que je proposerai pour la défense de cette place, qui exige des manœuvres extraordinaires et peu communes aux autres, tant par le nombre de ses ouvrages détachés, que par sa fortification qui lui est particulière.

Afin de pouvoir pour ainsi dire tailler en plein drap, je présuppose que la place sera abondamment fournie de toutes les munitions nécessaires, tant de guerre que de bouche, de tous les matériaux qui conviennent, de toutes sortes d'ouvriers et d'une forte garnison. Je ferai un détail de toutes ces choses, mais ce ne sera qu'après avoir parlé de ce qui regarde la fortification et des manœuvres de guerre qui en doivent faire l'usage qu'on en doit attendre.

Précautions à prendre dans l'apparence d'une investiture prochaine.

Les haies doivent être coupées 5 ou 600 toises tout à l'entour de la place, ainsi que tous les arbres fruitiers des jardins ; et les bois qui en proviendront, mis en magasin pour être employés, ceux des haies à faire des fascines, et les arbres fruitiers à la défense des brèches. Mais il conviendra de laisser sur pied la haie d'épine qui entoure le jardin de madame de Willeman à la sortie des eaux, parce qu'elle pourra fa-

voriser quelques manœuvres de guerre dont il sera parlé en
son lieu, et qu'au pis aller, on pourrait la couper toutes les
fois et quantes qu'on le voudrait s'il était nécesssaire, étant
fort près du chemin couvert, des pièces 86 et 88 (1).

2.

Il faudra combler tous les fossés qui peuvent favoriser les
approches, ce qui doit s'entendre de ceux qui ne sont point
enfilés des ouvrages, lesquels néanmoins sont en petit nombre
et peu considérables.

3.

Pour ce qui est des maisons, la règle est que toutes celles
qui peuvent faire couvert contre la place, doivent être abat-
tues ou brûlées jusqu'à la distance de 400 toises ; mais la
question est de savoir quel temps il faudra prendre pour faire
cette opération. Si on la fait sur la simple apparence d'un
siége, qui, quoiqu'apparent peut être fort incertain , on ruine
beaucoup de gens, quelquefois inutilement et légèrement :
si on attend l'investiture on court risque de n'avoir pas le
temps de mettre le feu partout, et même quand on l'y mettrait, on est certain de ne pouvoir abattre les masures des
maisons brûlées dont les murs sont de maçonneries qui ser-
viraient pour approcher de la place et la reconnaître. C'est
donc à M. le gouverneur ou à celui qui pourrait commander
à sa place, à consulter sa prudence et son bon esprit sur
une affaire aussi délicate, et à se régler sur les avis qu'il aura,

(1) Ce jardin est désigné sur le plan par la lettre V.

et sur la conjecture du temps. Ce qui est de certain, est que l'ennemi ne saurait jamais vous empêcher d'employer trois ou quatre jours fort à votre aise, pour brûler et raser en plein jour toutes les maisons et édifices qui ne se trouveront pas éloignés de plus de 150 toises de votre chemin couvert, fussent-elles en beaucoup plus grand nombre. Ainsi, quand on aurait pris résolution d'abattre toutes les autres, il me paraît qu'on pourrait, sans aucun risque, épargner celles-ci jusqu'à l'investiture de la place, observant de mettre en provision tous les bois qui proviendront de celles qu'on démolira, lesquels seront d'une grande utilité.

4.

Former par la buze 79 de la sortie des eaux, la flaque de la queue du glacis de la pièce 88, si elle ne l'est pas, et examiner si les rigoles qui doivent servir à l'écoulement des eaux du trop plein de ladite flaque dans la prairie, sont assez bien disposées pour inonder les tranchées que l'ennemi pourrait pousser dans ladite prairie, auxquelles on peut continuellement donner de l'eau par ladite buze 79, et suppléer aux défauts qu'il pourrait y avoir; ce point méritant attention.

5.

Former une digue de fascinage bien piquetée, et garnie de gazon, fumier et terre douce par-devant à travers du lit de la rivière, et qui lui servirait de réservoir entre les chemins couverts des pièces 86 et 88, pour soutenir les eaux dans les fossés desdites pièces, et suppléer à l'écluse de charpente du moulin de la sortie des eaux qui les y soutient actuellement en cas qu'elle vînt à être rompue.

6.

Construire un réduit de bois de charpente de 9 à 10 pouces d'épaisseur au moins, et crénelé à deux étages à la gorge de la place d'arme rentrante du chemin couvert devant l'épaule droite de la pièce 88, pour soutenir ladite place d'arme. Couvrir l'écluse 78, et la communication de ladite pièce 88 à son chemin couvert, qui se fait par-dessus ladite écluse, observant de planter en avant dudit réduit deux lignes de palissades inclinées, et prolongées de part et d'autre jusqu'au lit de la rivière.

7.

Je voudrais pour plus grande précaution palissader la gorge de la pièce 88.

8.

Avoir une communication du chemin couvert de la pièce 86 au moulin de la sortie des eaux, où il conviendrait de tenir un détachement, laquelle se pourrait faire par le lit du canal qui conduit les eaux audit moulin, si la digue dont il est parlé au cinquième article était faite.

9.

Le luneton 34 est une pièce d'attention, et qui mérite d'être conservée jusqu'à l'extrémité, mais elle ne se peut bien soutenir qu'au moyen d'une communication libre et sûre; le pont qu'il faudrait faire pour communiquer le long du batardeau (91) peut être détruit à tout moment par les bombes. C'est pourquoi, il conviendrait d'en faire un autre au travers de la rivière qui aboutirait d'une part à la demi-gorge gauche de ladite pièce 34, et de l'autre à la berme de la contre-garde 92, observant de lui donner assez de largeur et de solidité pour porter une traverse de 3 toises d'épaisseur qui aurait la propriété de couvrir cette communication, et l'écluse 19, joignant le profil de la face gauche de la contre-garde 90, laquelle serait vue du canon que l'ennemi pourrait placer à la gorge de la pièce 88, après sa prise, et l'on arriverait au pont par une rampe pratiquée dans le talus de la berme de la face droite de la contre-garde (92), partant de son profil. Si l'on m'objectait que ce pont et cette traverse seraient un passage et un épaulement tout fait, dont l'ennemi pourrait faire usage contre la contre-garde 92, après s'être rendu maître du luneton 34, je répondrais qu'au moyen d'une éclusée qu'on lâcherait par les écluses 74, l'un et l'autre seraient bientôt emportés.

10.

Blinder de bonne heure, de distance en distance, la communication de la pièce 38 au cornichon (39) pour la couvrir des vues de la hauteur sur laquelle l'ennemi pourrait placer du canon, pour la battre à ricochet et empêcher nos manœuvres.

11.

Lorsque nous avons repris cette place, en 1713, le cor-

nichon (39) est le premier ouvrage dont on s'est rendu
le maître ; après l'avoir enveloppé par les tranchées il fut
attaque et pris par la gorge, le mur crénelé qui la fermait
ayant été ruiné par une batterie de canon que nous avions
sur la hauteur opposée et qui plongeait dans cet ouvrage ;
pour éviter pareil inconvénient qui abrégerait la besogne,
il faudrait faire en dedans dudit cornichon, une traverse
gazonnée de 12 à 15 pouces d'épaisseur par le haut, parallèle
audit mur de gorge pour la couvrir, observant de laisser
libre l'entrée de la poterne qui est sous la branche gauche,
et d'exécuter cette traverse de façon qu'elle pût couvrir en
tout ou en partie l'escalier qui descend à la communication
souterraine contre l'effet de la bombe.

12.

La communication découverte de la pièce (38) n'étant
pas suffisante, en faire un souterrain de charpente, partant de
la communication souterraine de maçonnerie du cornichon
(39), qui passe sous le glacis devant la face droite de ladite
pièce 38.

13.

Examiner avec soin les écluses de l'entrée et de la sortie
des eaux pour les mettre en bon état, si elles n'y étaient
pas, par le remplacement des portes qui pourraient être trop
vieilles pour résister à la manœuvre ; cet article méritant
beaucoup d'attention, observer de les blinder avec des bois
de charpente, en forme de toiture, bien solide et chargée
d'un lit de fumier suffisant pour les préserver des bombes.

14.

Remplacer toutes les palissades qui pourraient manquer aux ouvrages qu'on croira pouvoir être attaqués, et parcourir ces mêmes ouvrages pour voir si les banquettes et les pentes des parapets et glacis sont bien disposées, et remédier aux défauts qu'il pourrait y avoir, afin que le feu qui en partira puisse produire tout son effet.

15.

Approfondir partout où il sera nécessaire la rigole ou cunette des grands fossés de la place, depuis l'entrée des eaux jusqu'à la sortie, tant du côté de la porte de France, que du côté de la porte d'Allemagne, afin que lesdits fossés où il y a des marécages en plusieurs endroits, puissent être à sec partout, et faciliter d'autant mieux la manœuvre des troupes.

16.

Faire à l'avance ce qu'on pourra de galeries de contremines sous les ouvrages où il n'y en a point, et commencer par celles qu'on jugera les plus nécessaires.

17.

Fourrager et faire place nette le plus loin qu'on pourra tout autour de la place, tant pour empêcher l'ennemi de faire usage contre vous des couverts qui pourraient rester que pour profiter des fourrages et l'en priver.

18.

Démolir, d'abord que le siége sera déterminé, la charpenterie des combles et des planchers des casernes et autres bâtiments appartenant au roi, qu'on ne pourra pas occuper, et mettre en provision tous les bois et planches qui proviendraient de cette démolition, lesquels seront d'une grande utilité pendant le cours du siége.

Je ne parle point de toutes les autres précautions qu'il y a à prendre au-dehors pour faire entrer dans la place, avant d'être investie, tout ce qui y est nécessaire pour soutenir un siége, persuadé que **M.** le gouverneur, qui en connaîtra la conséquence, y donnera sa principale attention.

———

Investiture et circonvallation.

L'ennemi s'étant déterminé à faire le siége de cette place, il pourra se dispenser de faire des lignes de circonvallation, s'il a une armée d'observation un peu raisonnable pour opposer à celle du secours qu'il aurait à craindre, car on ne pourrait venir à lui que par la basse Alsace, qui est bornée au levant par le Rhin, et au couchant par les montagnes de la Lorraine qui sont peu praticables pour la marche d'une armée, et celle d'observation peut se porter avantageusement en avant en plusieurs endroits pour couvrir le siége, principalement le long de la Coutre, sur les hauteurs de Wissembourg. Le roi des Romains y tint longtemps son armée d'observation lorsqu'il assiégea Landau, en **1702**, et ne fit point faire de ligne de circonvallation, ni de contrevallation, la garnison étant assez faible; il se contenta de faire retrancher la gorge de Sainte-Marthe et celle des Carrières, au village d'Alberechevillers, par où il appréhendait qu'on fît passer quelques troupes pour renforcer la garnison.

M. le maréchal de Tallard, qui reprit cette place l'année d'après, fut obligé de faire des lignes de circonvallation, n'ayant point d'armée d'observation, et celle qu'il avait pour faire le siége, étant même assez faible. Les lignes commençaient au moulin de Merlhem, qui est sur la rivière, au-dessous de la place, allaient passer derrière ce village, qu'elles laissaient en avant, puis se portaient sur un rideau qui est entre Merlhem et Imphlingen, occupaient la hauteur derrière ce dernier village d'où elles allaient contourner et enfermer les villages de Wolmezen, Avzhem, Gormestein et Nurdorff; de Nurdorff, ces lignes passaient derrière le village de Damhem, et s'allaient fermer au susdit moulin de Marlhem; c'était là, à-peu-près, la meilleure situation qu'on pouvait donner à ces lignes, derrière lesquelles, cependant, M. le maréchal de Tallard ne jugea pas à propos d'attendre l'armée des alliés, commandée par le prince de Hesse, lorsqu'elle vint pour secourir la place, ce général, trouvant mieux son compte de marcher au-devant après avoir laissé une garde suffisante pour la sûreté de la tranchée, et de livrer la bataille qu'il gagna dans la plaine de Spire, le 15 novembre, ainsi que tout le monde l'a su.

Après la perte de la bataille d'Oxtet, en 1704, le prince Louis de Baden vint encore assiéger cette place que M. Laubanis défendit, et devant laquelle le roi des Romains se rendit quelque temps après ; comme ses forces étaient supérieures aux nôtres, et qu'il avait une armée d'observation, il ne forma point de lignes de circonvallation, ni de contrevallation, non plus qu'à son siége de 1702. Il n'eut pas même plutôt achevé l'investiture, le 13 septembre, qu'il fit ouvrir la tranchée la nuit d'après, du 13 au 14 ; quand le roi reprit Landau, en 1713, cette place fut investie le 11 juin, et l'on n'ouvrit la tranchée que la nuit du 24 au 25 du même mois. M. le maréchal de Villars, qui commandait en chef, venait souvent visiter les tranchées, et avait son quartier à Spire, partie de l'armée d'observation y était campée, une autre masquait le débouché de la petite Hollande à hauteur de Philisbourg, et il y avait même un camp-volant en avant, à quelques lieues de Mayence, tant pour observer les ennemis en cas qu'ils eussent voulu passer le Rhin de ce côté-là, que pour subsister plus commodément. M. le maréchal de Besons, qui commandait l'armée du siége, ne fit point faire de lignes de circonvallation, étant dans une situation à ne devoir pas appréhender de secours ; mais comme la garnison était forte d'environ huit mille hommes, il jugea à propos de se précautionner de quelques bouts de lignes de contrevallation pour couvrir les quartiers qui auraient peut-être été les plus exposés aux entreprises de la garnison ; il en fit faire qui couvraient Volmechem, Artzem, où il avait son quartier, et Gonnersen, d'où elle descendait jusqu'à Neusdoff. Ce général employa l'intervalle de temps, depuis le 11 juin jusqu'au 24, tant à la construction de ces lignes de contrevallation, qu'à approvisionner son camp de fourrage, de munitions, tant de guerre que de bouche, et des fascines et gabions nécessaires pour commencer le siége.

Lorsqu'on doit être assiégé dans une place un peu considérable, on compte ordinairement sur neuf ou dix jours de répit au moins, entre l'investiture et l'ouverture de la tranchée pour les employer à faire tous les ouvrages nécessaires et aux précautions à prendre au commencement d'un siége, desquels j'ai parlé ci-devant. Mais on peut connaître par tout le détail que je viens de faire, que nous sommes ici dans un cas à ne devoir pas tout-à-fait compter sur les neuf ou dix jours de répit, et qu'il faudra plutôt se précautionner prématurément sur ce qu'il y aura de plus pressé, et suivant les nouvelles qu'on aura du dessein des ennemis, que d'attendre qu'on soit tout-à-fait investi afin de n'être pas pris au dépourvu ; en même temps que nous aurons fait à ce sujet tout ce qui dépendra de nous, et la place se trouvant investie de tous côtés, il faudra avoir attention aux manœuvres de l'ennemi et à tenir ses gardes les plus écartées de nous que faire se pourra, en attachant de petites escarmouches de cavalerie et d'infanterie; avec ces gardes avancées, cédant cependant toujours le terrain pour l'attirer sous le feu de la place, sans faire paraître que peu de monde sur les remparts, et s'il s'en met bien à portée en grosse troupe, les salüer à mi-charge de toute l'artillerie qui le pourra voir; faire marcher ensuite après les plus avancées, jusqu'à ce que l'ennemi revienne sur les nôtres qui seront toujours soutenus par l'artillerie, des grenadiers détachés et de la cavalerie qui les pourront repousser à leur tour. Cette manœuvre se peut faire et se répéter en divers endroits à la fois, et servira premièrement à acquérir et donner de l'audace à nos troupes, et en second lieu à empêcher les ingénieurs de reconnaître la place de jour, ou d'en faire tuer quelqu'un qui s'avancera de trop près, et enfin à amender les canonniers et autres soldats qu'on leur joindra pour faire cette fonction ; il faudra seulement prendre garde de ne prodiguer ni le monde ni la poudre dans cette petite guerre, qui n'est bonne que jusqu'à un certain point.

J'ai dit ci-dessus, qu'il ne fallait tirer le canon qu'à mi-charge et ce, pour en laisser ignorer à l'ennemi la véritable portée, et l'engager à camper plus près de la place qu'il ne devrait, et lorsque les camps seront bien établis s'ils sont trop près, les canonner de tous les côtés à pleine charge, ce qui ne saurait manquer de lui tuer bien du monde, de l'obliger à reculer son camp et de lui causer, par là, du retardement; pendant le jour, on pourra faire avancer des gardes de cavalerie hors de la place à 150, 200 ou 250 toises du chemin couvert dont il faudra tenir les barrières ouvertes, afin que si les gardes sont poussées, elles puissent s'y retirer : bien entendu qu'on les disposera de manière qu'elles ne courent pas de risques d'être coupées, la nuit elles rentreront dans les chemins couverts dont il faudra faire sortir tous les soirs, jusqu'à ce que la tranchée soit ouverte, plusieurs petits détachements d'infanterie tout à l'entour de la place pour y passer la nuit, à 100 ou 200 toises en avant tout au plus, où ils se coucheront sur le ventre cachés dans les petits fonds qu'il pourra y avoir et qui sont assez fréquents à cette distance; ces détachements demeurant en silence tâcheront de découvrir ceux qui s'avanceront pour reconnaître de nuit, et de les prendre ou de les tuer.

Des attaques.

Les huit fronts qui composent la fortification du corps de
la place, sont à-peu-près égaux ; mais les approches sont plus
difficiles aux uns qu'aux autres, par rapport aux galeries de
contre-mines, aux ouvrages et aux inondations qui les couvrent, de sorte que si l'ennemi s'était déterminé à attaquer
par le fort, nous sommes persuadés qu'après s'en être rendu
maître il ne serait par assez mal avisé de vouloir arriver à la
place par le front 3 et 5 ; attendu que pour y parvenir, il serait obligé après la prise du fort, de prendre la lunette 56,
même la redoute 104, si on la fait, d'essuyer les revers de
la pièce 44 et de tous ceux du canon qu'on pourrait faire
avancer le long du canal et de la rivière, et de passer l'inondation 83 à la gorge du fort, laquelle il pourrait à la vérité
saigner proche le batardeau 54 ; mais comme il resterait toujours un pied de vase, quelque peu d'eau, et le courant entier
de la rivière, l'ennemi serait contraint pour passer cette inondation, de faire au moins deux ponts de 80 à 100 toises de
longueur chacun, sur 3 à 8 de largeur avec tous les matériaux de transport, comme fascines, claies lacées à terre et à
laine, si l'on veut pour le parapet, ce qui en rendrait l'exécution très difficile, très longue, et très périlleuse par le feu de
la lunette 56, et de toute l'artillerie des ouvrages qui pourraient les voir, laquelle étant bien disposée leur tuerait un
monde infini. Les parapets de ces sortes de ponts qu'on ne
fait ordinairement qu'avec des fascines et des sacs à terre,
n'étant presque jamais à l'épreuve du canon, et après que
ceux-ci seraient achevés, l'ennemi ne trouverait pas peu de
difficultés à la prise de la lunette 56, et à faire à la queue du

glacis de la place, son premier établissement qu'on pourrait lui vivement disputer jusqu'à ce qu'il fût assez étendu pour contenir un corps de troupes assez considérable pour pouvoir s'opposer aux sorties avec avantage; il sera donc aisé de comprendre que l'ennemi, après la prise du fort, se porterait d'abord à l'inondation 82 par l'avant-chemin couvert 52 et 53.

Cette inondation n'a que 15 à 20 toises de largeur et se peut saigner proche le batardeau de charpente 54, à trois pieds près, compris les eaux de la rivière qu'on y peut faire passer; ainsi il trouverait bien moins d'obstacles qu'à l'inondation 83 à y faire les passages qui auraient l'avantage d'être soutenus de fort près par le logement du chemin couvert 52 et 53.

Après lesquels passages faits et la prise de la lunette 55, il s'étendrait par sa droite ou par sa gauche pour attaquer le front 1 et 15, ou celui 1 et 3; mais il y a grande apparence qu'il préférera l'attaque de ce dernier, à cause des emplacements avantageux qu'il trouvera à la gorge et à la droite et à la gauche du fort pour y établir des batteries : tout ce détail me fait donc conclure que le front 3 et 5 ne doit pas être regardé comme attaquable.

Les autres fronts de la place donneront lieu à l'assiégeant de former deux attaques liées à chacun, à l'exception du front 5 et 7, dont il ne pourrait attaquer que la contre-garde 7. ainsi que je le ferai connaître ci-après. Si l'on me demande ce que je pense sur le choix que l'assiégeant en ferait, je dirai que mon sentiment est, qu'il n'attaquera point par le fort ni conséquemment par les fronts 1 et 15, ou 1 et 3, qui font la suite de l'attaque du fort; je crois de même

qu'il n'attaquera ni par le front 13 et 15, ni par le front
5 et 7.

Je dis que je ne crois pas qu'il s'attachât au fort, à moins
qu'il ne fût informé des manœuvres d'eau dont il sera
parlé ci-après par la grande quantité d'ouvrages qu'il aurait
à prendre avant de s'en rendre maître, et par les difficultés
du passage de l'inondation 82, celles de son établissement
sur les glacis du front 1 et 15, ou de celui 1 et 3, qu'on pourrait lui vivement contester, et de la prise de la lunette 94 : car
l'ennemi serait obligé de la prendre pour éviter ses revers
sur la batterie opposée au flanc droit de la contre-garde I,
s'il était attaché au front 1 et 15.

Je dis pareillement, que l'assiégeant n'attaquera point par
le front 13 et 15, parce que s'il se contentait d'appuyer sa
gauche à la rivière, nous pourrions prendre de grands revers sur ses tranchées en poussant quelques logements en
avant, enfilés de nos ouvrages ; et d'ailleurs, dans cette situation, il ne pourrait établir de batterie pour battre à ricochets
la contre-garde 92 ni le réduit 13, et supposé qu'il passât la
rivière et qu'il étendît sa gauche dans la prairie devant la
face gauche de la pièce 88, outre qu'on pourrait inonder
ses tranchées de la buze 79, c'est qu'on serait en état de
sortir dessus avec d'autant plus d'avantage qu'elles n'auraient
que peu ou point de secours à attendre du centre, ou de sa
droite, à cause des ponts de communication sur la rivière
par où il faudrait que ledit secours défilât. D'ailleurs on
pourrait faire couler sur la prairie devant le chemin couvert
85, toutes les eaux de la rivière : pour cet effet, il n'y aurait
qu'à élargir la rigole par où l'on arrose lesdites prairies
principalement dans les glacis du fort 58, ce qui ne jeterait

pas dans un grand travail; de plus, l'assiégeant serait obligé
de saigner l'inondation 81, ce qu'il ne pourrait faire qu'en
partie, et de là passer par des ponts de fascines semblables à
ceux-ci, et avec les mêmes difficultés dont j'ai fait mention en
parlant du passage de l'inondation 83, à la gorge du fort ;
avec cette différence que ceux de ladite inondation 81, devraient être beaucoup plus longs pour être défilés, et qu'il
faudrait bien plus de matériaux de transport pour les construire,
l'inondation 81 ne pouvant être saignée aussi bas que celle 83;
ces mêmes ponts devraient être extrêmement biaisés pour être
défilés et ils couvriraient par leurs biais, la plus grande partie du feu de la tranchée, qui borderait ladite inondation : ainsi
le débouché à la queue du glacis en serait d'autant moins
protégé à l'ennemi, d'autant plus facile à repousser.

Je dis enfin que l'assiégeant ne s'avisera pas d'attaquer par
le front, 5 et 7, puisqu'il aurait à prendre le même nombre
de pièces et autant de contre-mines à essuyer à cette attaque
qu'aux autres ; mais sa gauche et sa droite seraient de plus
exposées à de grands revers de l'ouvrage couronné et du
cornichon 39 : d'ailleurs, après la prise de la lunette 41,
42, 43, et de la pièce 44, il serait contraint de terminer sa
gauche à la rivière devant l'angle flanqué de la pièce 45 ;
car s'il était assez mal avisé pour la passer et de s'étendre
sur les glacis devant la contre-garde 5, outre que ses tranchées seraient entièrement vues de revers de l'ouvrage couronné, par la lunette 48, et la redoute 104, si elle était
faite, c'est qu'il serait aisé d'écraser tout ce qui serait passé
sur ledit glacis. L'ennemi ne pouvant donc se dispenser de
fixer sa gauche à la rivière, ne pourrait prendre la contre-

garde 5, et, par conséquent, il aurait encore le désavantage de ne pouvoir arriver à la place que par la contre-garde 7, où toutes les forces de la garnison se réuniraient. Il est donc probable que les ennemis n'attaqueront pas par aucun des quatre fronts dont je viens de parler ; mais comme ils jugent quelquefois des choses tout différemment que nous, je discuterai ces attaques comme les autres. Quoi qu'il en soit, de quelque côté que l'ennemi veuille attaquer la place, il est important de tâcher à le démêler, ce qui se pourra avec un peu d'attention en observant le côté par lequel il resserrera davantage nos gardes avancées; ses affectations, ses allées et venues plus fréquentes dans un endroit que dans un autre, l'établissement du párc d'artillerie que l'on tâche toujours de faire à portée de l'ouverture de la tranchée, et enfin, si on voit faire des amas de matériaux plus abondants d'un côté que d'un autre, toutes lesquelles choses pourront se découvrir de la tour avec des bonnes lunettes d'approche, pourvu qu'on y emploie une ou deux personnes intelligentes qui y restent tout le long de la journée, et qui rendent compte à tous les moments du jour des découvertes qui s'y feront par un billet qu'on fera descendre de la tour dans un petit panier attaché au bout d'une corde et reçu, au pied d'icelle, par une sentinelle qui enverra sur-le-champ la lettre au gouverneur. Cependant, toutes ces remarques ne donneront encore qu'une forte conjecture du côté de l'attaque, ce qui ne se saura positivement que le jour que la tranchée s'ouvrira, auquel on verra sur le soir certaines marches de troupes suivies de travailleurs avec des fascines, et il sera aisé de remarquer où elles se dirigeront, et pour lors, de juger à quelle partie de la place elles se voudront attacher ; et pour confirmer encore mieux l'observation qui se fera de la tour ou autres lieux élevés de la place, il faudra faire sortir quelques détachements qui s'avanceront en plein jour le plus qu'il se pourra, et qui battront toute la nuit la patrouille aux endroits les plus soupçonnés; moyennant toutes ces précautions, il est presque impossible que les ennemis puissent dérober plus d'une heure ou deux de travail.

Attaque du front 7 et 9 de la porte de France.

Soit que l'ennemi veuille s'attacher au front 7 et 9 de la porte de France, ou à celui de la gauche 9 et 11, il sera obligé, préalablement, de prendre le cornichon 59 et la pièce 38, peut-être même attaquerait-il le premier ouvrage pour en éviter les revers et ceux de sa communication, bien que son dessein fût d'attaquer par le front 11 et 13. C'est pourquoi on n'aura pas dû perdre de temps pour mettre à exécution les ouvrages de précaution desquels j'ai fait mention au commencement de ce mémoire; savoir : de blinder de distance en distance la communication de la pièce 38 audit cornichon, pour se parer contre le ricochet, et même d'user, si besoin est, de pareille précaution à la communication de la pièce 38 ; d'exécuter la traverse parallèle au mur de gorge du cornichon pour se couvrir du canon de la hauteur opposée, pousser quelques rameaux de contremines vers les faces et branches, partant de son centre où aboutit la galerie de communication souterraine ; et des terres qui en proviendront, former les deux susdites traverses du milieu de ses branches.

Construire aussi à telle fin que de raison des galeries de

contre-mines de charpente sous la capitale du glacis dudit cornichon. Je dis à telle fin que de raison, parce qu'il n'est pas sûr que l'ennemi conduise l'attaque de cet ouvrage par son front, et qu'il y a apparence, au contraire, qu'il fera son possible, afin d'abréger la besogne, pour l'envelopper par ses côtés, et le prendre par la gorge comme nous fîmes en 1713, après avoir ruiné le mur crenelé qui la ferme ; mais, comme ledit mur sera couvert par la traverse proposée , et qu'il ne pourra guère être endommagé que par le hasard de l'effet des bombes, il pourrait arriver que l'ennemi se tromperait dans son calcul, et qu'il serait obligé de se loger sur le chemin couvert du front de l'ouvrage, et d'y établir du canon pour faire brèche, car celui qu'il aura sur la hauteur ne sera pas capable d'ouvrir ledit ouvrage de façon à y pouvoir donner l'assaut. Quoi qu'il en soit, il sera bon de se précautionner pour n'être pas pris au dépourvu.

Il sera assez temps, lorsque l'attaque sera déclarée, de poser les paniers et sacs à terre sur les parapets, tant des ouvrages que des chemins couverts, observant de commencer par le cornichon 39 et la pièce 38 ; mais pour épargner les paniers à parapets et les sacs à terre, il faudra, sans perdre de temps, border les sommets des parapets des ouvrages d'une espèce de petit surtout de gazon épais de deux pieds dans sa base, réduit de quinze à seize pouces au sommet, sur autant de hauteur au-dessus du parapet; ce surtout sera percé de créneaux distants de six pieds l'un de l'autre, de milieu en milieu, et évasés en dedans de 12 à 14 pouces, réduits à 3 pouces d'ouverture par dehors pour passer le bout du fusil.

On aura déjà dû commencer à faire des galeries majeures

sous les ouvrages où il n'y en a point, nommément sous les remparts des contrescarpes 7 et 9 et de la demi-lunes 8, de la porte de France, observant de les établir le plus bas qu'on pourra, et à 15 pieds de distance parallèle aux parapets intérieurs de ces ouvrages.

Il faudra faire des tambours ou réduits de bois de charpente, de 9 à 10 pouces de gros, et même d'un pied si l'on en a, dans tous les angles rentrants des places d'armes rentrantes du chemin couverts du front de l'attaque, et même dans les places d'armes saillantes à l'arrondissement du fossé, ces derniers quoique plus exposés et d'une communication plus difficile, ne laissent pas d'être d'un très bon usage. M. de Laubanis en avait fait faire lorsqu'il défendit la place, en 1704 ; il les conserva pendant plusieurs jours après le logement du chemin couvert, et les ennemis, après avoir tenté plusieurs fois de s'en rendre maîtres de vive force, furent obligés de les faire sauter par mine, ce qui leur fit perdre bien du temps : il est vrai qu'ils n'employèrent point le ricochet qui les aurait rendus inutiles. Ces tambours doivent être élevés d'environ 8 pieds au-dessus du terre-plein de la place d'armes, et les bois enterrés de 3, crénelés à deux étages, ayant une banquette derrière, observant de pratiquer un puits de 3 pieds de diamètre et d'autant de profondeur au milieu du terre-plein dudit tambour, et de donner de la pente au terrain vers ledit puits pour que les grenades puissent rouler dedans plus aisément, lesquelles venant à y crever n'offenseront que peu ou point la garde. Il sera très essentiel de planter 5 ou 6 pieds en avant de ces tambours une ligne de palissades parallèles à leurs faces, inclinées à trois pieds de terre, et présentant la pointe à l'ennemi pour l'empêcher de venir croiser le fusil avec les nôtres; du surplus il faudra en bien assurer l'entrée par la droite et par la gauche pour éviter d'être forcé par là.

Comme il n'y a point de réduits de maçonnerie dans les demi-lunes, il en faudra pratiquer de semblables à ceux dont je viens de parler, avec cette différence qu'ils doivent être de 1 ou 2 pieds plus élevés et d'une capacité proportionnée à la demi-lune, observant de faire aussi deux traverses de bois de charpente semblables à ceux dont on se servira pour ledit réduit, lesquelles partant des épaules dudit réduit iront aboutir de part et d'autre aux parapets des faces de la demi-lune à 8 ou 10 toises de ses épaules plus ou moins pour n'être pas débordée par les brèches, et pour éviter que l'ennemi ne puisse les tourner lorsqu'il se sera rendu maître de l'angle de la demi-lune; il faudra les prolonger, jusqu'au parapet de briques, après avoir fait une coupure dans la masse des terres dudit parapet, bien entendu qu'elles seront palissadées en avant comme le réduit. Au défaut de bois de charpente pour la construction desdites traverses, on pourrait se contenter de palissades contre lesquelles il serait bon d'adosser un petit parapet à l'épreuve du mousquet; ces traverses seraient d'un excellent usage pour faciliter la retraite des troupes qui seraient employées à la défense de la brèche de la demi-lune et obliger l'ennemi à se loger sur le haut de ladite brèche sans s'étendre plus loin; et pour couvrir l'entrée de nos galeries majeures, il sera nécessaire de préparer de bonne heure les bois convenables à la construction d'un réduit et de ses deux traverses; mais comme il en faut une grande quantité, pour éviter un double emploi inutile, il faudra attendre pour les mettre en place qu'on sache précisément auquel des fronts 7 et 9, ou 9 et 11, l'ennemi voudra s'attacher, et l'on aura alors encore du temps de reste pour exécuter ce travail dans la demi-lune du front de l'attaque.

Quand cette place fut prise, en 1704, M. de Laubanis fit faire un réduit de bois de charpente semblable à celui que je propose dans la demi-lune 8 de la porte de France, avec les deux traverses ou retranchements de droite ou de gauche, auxquelles on n'employa que des palissades faute de mieux. Les ennemis tentèrent trois fois inutilement de se rendre maîtres de ces retranchements; ils entrèrent cependant derrière la traverse de la droite du réduit, s'étant coulés le long du parapet de la face droite de la demi-lune, dans lequel on on n'avait point fait de coupure; mais ils en furent chassés avec perte par notre grand feu, et on le conserva jusqu'à la reddition de la place.

Les remparts, tant de la demi-lune que des contre-gardes du front de l'attaque, devront être traversés, pour se parer du ricochet, et lesdites contre-gardes retranchées tant pour en soutenir l'assaut avec plus de sûreté que pour s'y maintenir encore après que l'ennemi se sera logé sur la brèche. Je ferai mention, en temps et lieu, de ces retranchements pour lesquels on doit se régler sur la largeur des brèches.

Je parlerai, lorsque j'en serai à l'attaque de chaque front, de toutes les précautions qu'il y aura à prendre afin de mettre tous les ouvrages en l'état qu'il doivent être pour attendre l'ennemi : je viens à l'attaque du front 7 et 9, de la porte de France.

Pour pouvoir faire un projet de défense un peu raisonnable d'un front de fortification, il se faut faire une idée de la manière dont les ennemis peuvent l'attaquer afin de savoir ce qu'on aura à leur opposer, et pour ne pas se tromper dans son hypothèse, supposer qu'ils le feront avec toute la capacité, l'adresse et la vigueur que demande une si grande entreprise, et comme nous n'avons point connu jusqu'à présent de meilleure méthode pour prendre promptement et à peu de perte les places, que celle de M. le maréchal de Vauban, ce sera par rapport à son système et à sa manière d'attaquer que nous discuterons la défense du front 7 et 9 de la porte de France, et des autres ouvrages qui en dépendent.

Supposons donc que l'ennemi ouvre la tranchée à 500 toises de la place, 100 toises de plus ou de moins ne font rien, il pourra ouvrir par la droite sur le bord de la hauteur proche le chemin qui conduit à Heinseim, et arrivera bien à couvert en cet endroit à la faveur d'un chemin creux, large et profond, aboutissant d'une part audit chemin d'Heinseim, et qui, en s'éloignant considérablement de la place, aboutit de l'autre part dans un fond où toutes les manœuvres de l'ennemi se trouvent hors de notre vue, et ouvrira par sa gauche, en partant d'un fond qui est entre la place et le village de Velmessein, et cheminera en avant par les deux côtés jusqu'à la première parallèle ou place d'armes qu'il établira à 300 toises ou environ des avant-chemins couverts, mais qui ne se trouvera éloignée que d'environ 130 toises du cornichon 39; il pourra commencer de part et d'autre, dès la même nuit, deux bouts de cette première place d'armes, de 80 ou 100 toises chacun, plus ou moins; et comme la proximité du cornichon 39 pourrait faire juger que l'ennemi basarderait trop de s'en approcher tant, dès la première nuit, sans avoir un plus grand établissement, je crois devoir faire re-

marquer en passant que le terrain est disposé de façon à
pouvoir placer bien à couvert tous les corps entiers nécessaires pour soutenir la tranchée jusqu'à ce qu'elle soit en
état de les pouvoir contenir.

L'ennemi pourra bien encore, pendant la première nuit,
commencer une batterie sur la hauteur à gauche, à son
égard, du chemin d'Inflingue pour ruiner les défenses du cornichon 39, battre les branches d'enfilade, ruiner s'il peut,
son mur de gorge, enfiler sa communication découverte et
la pièce 38.

La seconde et troisième nuit, il continuera et perfectionnera sa première place d'armes, qu'il sera obligé de terminer
par la gauche à la digue du canal de La Queizh, et de l'étendre par sa droite jusqu'à ce qu'il déborde la ligne prolongée
de la face droite de la demi-lune collatérale 10, afin de la
pouvoir battre ainsi que son chemin couvert.

C'est là à-peu-près la meilleure disposition que l'ennemi
puisse donner à cette place d'armes, s'il veut bien envelopper
tous les ouvrages auxquels il aura à parler ; mais comme elle
aura 14 à 15 cents toises de longueur, il lui sera difficile de
l'achever avant la quatrième nuit ; pendant ce temps-là,
l'ennemi poussera la tête de sa tranchée en avant pour envelopper le cornichon 39, et s'en approcher le plus qu'il
pourra ; mais, comme son feu et celui de son chemin couvert
commencera à devenir dangereux, il ne pourra pas avancer
beaucoup son travail jusqu'à ce que la batterie de la hauteur
ait commencé à tirer, ce qu'elle pourra faire le troisième ou
le quatrième jour au plus tard ; alors elle battra et réunira
les défenses dudit cornichon, fera taire son canon qu'il faudra retirer alors, et donnera moyen à l'ennemi de cheminer

plus à son aise, appuyé qu'il pourra être d'ailleurs d'une batterie de six mortiers et d'une autre de quatre pierriers ; mais comme cette pièce est détachée et fort éloignée du corps de la place, il est à présumer que l'ennemi fera son possible pour se dispenser d'en faire une affaire tout-à-fait sérieuse en l'attaquant par la tête, ou il faudrait qu'il établît du canon sur le parapet du chemin couvert pour y faire brèche, cet ouvrage étant trop bien enterré pour que le canon de la hauteur pût lui servir à cet effet; il tâchera donc de l'envelopper par ses tranchées jusqu'à ce qu'elles soient à hauteur de l'extrémité de ses branches pour le pouvoir attaquer et prendre par sa gorge comme nous fîmes au dernier siège après avoir ruiné le mur qui la ferme, et tirera ensuite un logement parallèle audit mur pour éviter les mines qu'il aurait à craindre en se logeant dans l'ouvrage ; mais comme il sera contraint dès la deuxième nuit de travailler à la sape aux tranchées qui envelopperont ledit cornichon, et que nous ne le laisserons pas cheminer sans opposition, on peut bien compter qu'il ne les aura pas poussées à hauteur de l'extrémité de ses branches en moins de huit jours, à compter depuis la première nuit de tranchée, pendant lequel temps il pourra bien arriver et travailler à la droite et à la gauche de sa deuxième parallèle, et mettre en état de tirer la batterie de la droite de sa première place d'armes : laissons-le perfectionner tous les ouvrages, y faire des banquettes et tous les amas de fascines, gabions et sacs à terre, et ne le laissons pas prendre le cornichon sans examiner ce que nous lui pourrons faire avant de le laisser venir jusques là.

Si nous avons bien employé notre temps depuis l'investiture , même depuis l'ouverture de la tranchée, nous en au-

rons eu de reste pour bien mettre en état le cornichon 39 et
son chemin couvert, et y pratiquer toutes les petites commo-
dités requises en pareil cas ; tout cela consiste premièrement,
à exécuter tous les ouvrages de précaution dont j'ai parlé
ci-devant ; deuxièmement, à y faire porter de petits dépôts
de palissades, liteaux, clous, outils de charpentier et autres
propres à remuer la terre, pour les besoins qui ne seront que
trop fréquents par les ouvertures que les bombes et les canons pourront faire aux palissades et aux parapets; troisièmement, garnir de sacs à terre et paniers le dessus des parapets, si on n'y a pas fait de petits surtouts gazonnés, et agen-
cer le tout proprement avec les ouvertures nécessaires
d'espace en espace, pour passer le bout du fusil ; quatrièmement, je mets encore au nombre des ouvrages nécessaires
pour mettre celui-ci en état, des appentis et abri-vents contre
pierres et les bombes; les abri-vents contre les pierres se feront
dans le chemin couvert avec de grosses palissades ou des pièces de bois de 9, 10, et 11 pieds de longueur, qu'on posera en appentis bien serrées l'une contre l'autre, contre la palissade du chemin couvert de l'ouvrage, observant de les placer
aux endroits qui ne seront point enfilés par le canon de la hauteur ; les appentis contre la bombe se feront avec des grosses
pièces de bois posées en forme de toiture un peu raide et enterrées par le pied dans une rigole de trois pieds de profondeur
et tenus ensemble de chaque côté par trois cours de liteau ou
lambourde de 2 à 4 pouces de grosseur qu'on entaillera un peu
dans lesdites pièces auxquelles elles seront attachées avec des
broches de fer de longueur suffisante ; on pourra les placer dans
le cornichon et dans son fossé, cette précaution conservera bien
du monde qui sera mieux employé à la défense de la place;

cinquièmement, il faudra murer de bonne heure la porte de la gorge dudit cornichon, qui serait trop sujette à être brisée par les bombes ou par le canon, et qui laisserait une ouverture qui pourrait nous être fatale. On communiquera au chemin couvert à son défaut par la poterne qui est sous la branche gauche dudit cornichon.

Je ne propose point de planter de seconde palissade au pied de la banquette dudit chemin couvert, parce qu'il conviendra de conserver celles que nous aurons pour des besoins plus pressants; car il ne conviendrait pas de soutenir ce chemin couvert s'il était attaqué de vive force: il n'est soutenu pour ainsi dire, que de l'ouvrage qui l'enveloppe, et les troupes qui le défendraient venant à être forcées et enveloppées, comme il y a bien de l'apparence qu'elles le seraient, ne pouraient éviter d'être taillées en pièce faute d'une retraite assurée, à quoi il ne serait pas raisonnable de les exposer.

M. le maréchal de Vauban marque dans les mémoires qu'il nous a laissés qu'il aurait souhaité qu'il y eût eu dans les places qui pourraient être assiégées, sept ou huit douzaines de fusils à chevalets dont les canons auraient eu 5 ou 6 pieds de longueur, du calibre de 4 onces de balle, montés comme des fusils communs avec des bois renforcés et de bonnes et grosses platines, que ces fusils eussent eu pour affûts des chevalets faits à trépied à trois pointes ferrées par le bas, le canon du fusil étant saisi dans son équilibre par un lien ou cercle de fer encastré ferme dans le tour du bois et du canon tout ensemble; ce cercle de 2 pouces de largeur et 2 lignes d'épaisseur, soudé avec renfort à deux tourillons qui poseraient sur les petits fourchons de la fourchette, et embrasseraient juste le fusil; cette fourchette, terminant le sommet d'une grosse cheville de fer ronde et mobile de 15 à 18 lignes de diamètre, passerait dans le milieu de la tête du chevalet, et pourrait se hausser et baisser perpendiculairement selon le besoin, et tourner à droite et à gauche de même, de sorte qu'avec un pareil fusil monté sur son chevalet, on pourrait viser haut et bas, à droite et à gauche, se tourner devant et derrière, et tirer de tous les côtés avec autant de facilité qu'avec un fusil ordinaire, sinon qu'on serait assujéti au chevalet : comme il pourrait offenser par son repoussement ceux qui le tireraient, on pourrait le modérer au moyen d'un petit plancher fait sur les traverses qui tiennent les pieds des chevalets en état par le bas, qu'on chargerait d'une grosse pierre à joindre, qu'on peut mettre le pied en tirant sur ledit plancher pour le mieux affermir; ces fusils portant fort loin seraient d'un bon service, et, ne pesant que 60 livres, n'ont besoin que de deux hommes pour les servir; le vrai lieu de s'en pouvoir servir pendant un siége, serait de les placer sur les angles saillants du chemin couvert au front des attaques, sur les pointes des demi-lunes des lunettes et autres ouvrages détachés, et sur la droite et la gauche des mêmes attaques.

Le premier usage qu'on pourrait faire, la première nuit, de cette petite artillerie, serait d'en mettre une douzaine ou plus de fusils en batterie, 100 toises en avant du chemin couvert de la lunette 43, en dedans ou à côté du jardin du gouvernement, et une douzaine et demie dans le cornichon 39; faire garder les premiers par deux compagnies de grenadiers et par la garde de la cavalerie, soutenus par un corps d'infanterie qui resterait dans le chemin couvert des lunettes 42 et 43; tenir enfin ces fusils tout prêts à tirer, et cependant faire reconnaître ce que font les ennemis à leur gauche; et après qu'on se sera assuré du lieu où ils sont faire avancer une troupe de cavalerie de cinquante maîtres, jusque tout près d'eux, et quand on les aura découverts de manière à n'en pouvoir plus douter, faire pousser à grands bruit, tout à travers de leurs travailleurs, chargeant et pistolant tout ce qu'on rencontrera, et quand on les aura mis en désordre, se retirer promptement derrière les fusils à chevalet, ou si l'on était trop poussé par les troupes que les ennemis auraient pu poster en avant pour couvrir leurs travailleurs, se retirer aux feux allumés à trois ou quatre barrières des chemins couverts des lunettes 42 et 41, ou à celles de la communication de la pièce 38, sinon, ils tourneront tête et se rangeront derrière les fusils à chevalet qui, dans ce temps-là, doivent faire feu en élevant considérablement le coup de cette première nuit, tant à cause de l'éloignement de l'ennemi que parce que le terrain est fort élevé de ce côté-là. Si cette course est bien exécutée, elle sera capable de causer beaucoup de désordre à son travail, et de lui coûter peut-être bien du monde, tant par la course que par le feu des fusils à chevalets qui pourra porter sur les troupes que vraisemblablement il fera avancer pour s'opposer à la sortie dont il ne connaîtra pas la force; on pourra faire en même temps une pareille course à la droite de la tranchée, en faisant sortir la cavalerie par une des barrières du chemin couvert de la lunette 36, laquelle fera commodément sa retraite le long des communications du cornichon 39 et de la pièce 38, mais ces coups sont un peu hasardeux pour la cavalerie; il faudra faire tirer en même temps cinq ou six balles ardentes à toute volée pour éclairer et mieux découvrir l'ennemi. et faire grand feu sur sa gauche et sur sa droite des fusils à chevalet. Il ne faudra pas manquer de faire aussi un grand feu de mousqueterie sur sa droite, partant du chemin couvert du cornichon qui en sera assez à portée pour cela, observant de le bien disposer et entretenir pendant toute la nuit, et de faire hausser un peu les coups à cause de l'éloignement : voilà à quoi il s'en faudra tenir la première nuit ; car il ne servirait de rien de faire feu des chemins couverts des autres ouvrages dont la tranchée sera trop éloignée pour que le mousquet y puisse porter ; il ne faudra pas non plus répéter la sortie de cavalerie, parce que vraisemblablement elle trouverait l'ennemi mieux préparé à la recevoir que la première fois. A la petite pointe du jour, il faudra retirer les fusils à chevalet qu'on avait mis en avant, et les bien nettoyer pour s'en servir pendant le jour, ainsi que des arquebuses à croc aux angles des ouvrages et des chemins couverts les plus avancés, et tirer à la tranchée, si les fusils portent aux endroits où on verra les ennemis travailler et aller et venir en troupes; ce qu'il faudra faire aussi avec le canon que nous aurons déjà en batterie sur les deux cavaliers 69 et 70, sur les deux contregardes et la demi-lune du front de l'attaque, sur les deux demi-lunes collatérales 6 et 10, et la contre-garde 11, même sur les lunettes qui pourront voir les attaques, et principalement dans le cornichon où il en faudra avoir quatre pièces du calibre de 4 ou 6 livres de balle seulement, afin qu'elle soit plus aisée à retirer lorsqu'on les jugera à propos; on fera de tout ce canon l'usage qui conviendra pour retarder le progrès de la tranchée et de la batterie de la hauteur, et empêcher que la tranchée ne chemine de jour, observant de ne pas consommer la poudre inutilement, mais de ne la point épargner où il sera nécessaire, attendu que nous en aurons plus qu'il ne nous en faudra pour la défense de cette attaque, comme on le verra par la suite.

La seconde nuit, l'ennemi se rectifiera s'il a fait quelque faute pendant la première et continuera d'étendre sa première place d'armes par sa droite et par sa gauche, et tâchera de la joindre le plus tôt qu'il pourra devant le cornichon, et travaillera aussi à perfectionner sa batterie de la hauteur pour la mettre le plus tôt qu'il pourra en état de tirer; mais comme on sera toujours trop éloigné pour que la mousqueterie de la place lui puisse faire grand mal, il faudra se contenter de faire usage de celle du chemin couvert du cornichon, et de faire feu des fusils à chevalet ou arquebuses à croc, observant que quand les ennemis avanceront il ne sera plus nécessaire de tant hausser les coups : c'est pourquoi il faudra tous les jours renouveler l'essai de la portée des armes afin de se régler pour la nuit suivante. On pourra encore disposer pendant le jour quelques pièces de canon pour tirer pendant la nuit sur les endroits où l'on jugera que l'ennemi aura dessein de diriger sa tranchée, ce qui se fait en attachant des pièces de bois sur la plate-forme de la batterie, et en plantant des piquets de repère contre la genouillère de l'embrasure après que la pièce a été pointée le jour vers le lieu où l'on veut tirer. Lorsque le canon a fait sa décharge et qu'il est déplacé par son recul, au moyen de ces pièces de bois et de ces piquets, on peut le remettre aisément dans sa même situation pour tirer toujours au même endroit : plusieurs pièces de canon ainsi disposées à propos et bien servies seront capables de tuer bien du monde à l'ennemi, de l'inquiéter et de retarder l'avancement de son

travail. Je ne crois pas qu'il soit à propos, pendant cette seconde nuit, que la garde de cavalerie répète la course de la
nuit précédente, parce que, vraisemblablement, l'ennemi y
sera préparé, et la sortie serait trop dangereuse ; mais on
pourra faire quelqu'autre petite sortie du chemin couvert du
cornichon, pour tâcher de le troubler et voir où il est. Il ne
faudra pas encore faire de sortie de jour, l'ennemi serait trop
éloigné, et il faudrait sortir des avantages de la place pour
l'aller chercher dans les siens, ce qui serait imprudent.

La troisième nuit, comme l'ennemi commencera à approcher beaucoup du cornichon, il faudra faire un feu continuel
de son chemin couvert, et c'est à quoi il sera nécessaire que
les officiers se donnent de l'application, car il faut que cela
soit conduit avec jugement : les deux premières heures de la
nuit, qui est le temps auquel on pose les travailleurs, il sera
bon de faire faire feu par les deux tiers des gardes, les deux
heures suivantes par le tiers qui n'aura point tiré, et les deux
autres heures après, par l'un des premiers tiers de ceux qui
auront fait feu pendant les deux premières heures de la nuit,
les deux suivantes par l'autre tiers, ainsi de suite, chacun à
son tour, et à mesure qu'un tiers se reposera avoir soin de
leur faire nettoyer les armes, et s'il y en a quelques-unes de
rompues ou gâtées les recharger aussitôt pour ne point discontinuer ni affaiblir le feu, et afin qu'il produise plus d'effet, on tirera quelques balles ardentes pour éclairer et découvrir les endroits où l'on jugera que les ennemis travailleront,
non-seulement du côté du cornichon, mais encore à la droite
et à la gauche des attaques, où il faudra tirer de temps en
temps quelques volées de canon disposées de jour comme il
a été dit ci-devant, et faire feu des fusils à chevalet et des

arquebuses à croc, qu'on aura aux angles des avant-chemins couverts, car il ne servirait de rien d'employer la mousqueterie, l'ennemi se trouvant encore trop éloigné.

Pendant cette troisième nuit, il sera bon de faire de temps en temps de petites sorties du chemin couvert du cornichon, dont les ennemis commenceront à s'approcher, non-seulement pour voir les progrès qu'ils feront, mais encore pour donner l'alarme aux travailleurs qui ne demandent pas mieux que d'avoir un prétexte pour se sauver et s'exempter du travail, où ils ne vont ordinairement qu'à regret; observant de faire ces sorties un peu à droite ou un peu à gauche, et de ne point suspendre tout le feu pendant la marche, mais bien de le continuer des parties dont les vues sont détournées des marches de la sortie, et on en pourra faire quelqu'une plus forte quand on verra jour pour cela. J'entrerai dans un plus grand détail sur les sorties lorsque l'ennemi sera arrivé à sa deuxième parallèle ou place d'armes, étant auparavant trop éloigné pour en pouvoir faire de plus considérables avec avantage.

A la troisième journée, qui sera la suite de la troisième nuit, les têtes des tranchées commenceront à s'approcher du cornichon, mais, malgré cela, je ne crois pas qu'il convienne de faire dessus des sorties de jour, la place est trop éloignée pour en recevoir une puissante protection, et celle d'un simple ouvrage tel que le cornichon ne me paraît pas suffisante pour en espérer une heureuse issue; il faudra donc se contenter, pendant le jour, de faire tirer de chacun des angles du chemin couvert du cornichon par une dizaine d'hommes qu'on fera relever souvent, et par les fusils à chevalet et arquebuses à croc sur ceux qui paraîtront, et aux endroits où l'on verra remuer quelque chose, et non autrement. Il sera bon aussi de diriger sur les endroits de la tranchée où l'on verra remuer de la terre, et sur la tête des sapes qu'on verra cheminer, tout le canon qui les pourra voir, rien n'étant plus propre pour en retarder l'avancement, et y employer principalement le canon du cornichon comme étant plus proche, et qui, selon les apparences, jouera de son reste : la batterie de la hauteur devant vraisemblablement être prête à tirer.

La quatrième nuit, l'ennemi enveloppera de plus en plus le cornichon, achèvera une batterie de bombes, de six mortiers, plus ou moins, en commencera une autre de pierriers pour en régaler ledit cornichon, et achèvera de mettre en état de tirer, pour le lendemain, la batterie de la hauteur, si elle ne l'était déjà la veille, il pourra achever aussi de perfectionner la première parallèle dans toute son étendue, et avancera peut-être, s'il est bien diligent, quelques retours sur la capitale prolongée de la contregarde, pour arriver le plus tôt qu'il pourra à l'emplacement de la deuxième parallèle. De notre côté, nous pourrons observer la même manœuvre que la nuit précédente, tant pour les sorties que pour le feu de canon, de mousqueterie, de fusils à chevalet et d'arquebuses à croc, sans oublier les balles ardentes pour éclairer le travail de l'ennemi, et auxquelles il faudrait ajouter quelques feux d'artifices aux environs du cornichon ; on aura dû y faire venir de bonne heure quatre pierriers des plus portatifs pour tirer des pierres sur la tête des sapes d'abord qu'elles seront à portée, et pour en jeter le plus qu'on pourra sur la batterie de pierriers de l'ennemi, pour l'obliger, s'il est possible, à se taire ou du moins l'empêcher de tirer aussi souvent qu'elle pourrait faire.

La quatrième journée, l'ennemi ne manquera pas, de grand matin, de nous saluer de sa batterie de la hauteur, s'il ne l'a point déjà fait, la veille ; comme le canon du cornichon ne sera pas en état de lui répondre, il faudra le retirer dans l'ouvrage et le faire rentrer dans la place le plus tôt qu'il se pourra, ses batteries à bombes, à pierres et même à grenades, seront vraisemblablement en état de tirer le même jour, et le lendemain, il ne manquera donc pas de nous en régaler à foison ; comme les pierres et grenades jetées avec les mortiers sont plus malfaisantes que les bombes, et qu'elles tuent et blessent beaucoup de monde, il faudra, tant qu'on pourra, se précautionner contre, outre les abri-vents dont il a été parlé ci-devant, par des capuchons de planches matelassés en dedans et qui s'attachent avec des bretelles comme une hotte, lesquelles n'empêchent point de se servir du fusil, ou bien par des bonnets d'osier, faits comme des espèces de hottes matelassées par le dedans, et dont le fond sera fourré de foin ; il ne faudra laisser guère de monde dans le cornichon et dans son chemin couvert pendant le jour, quand l'ennemi tirera des bombes, des pierres et des grenades, mais tenir la plus grande partie de la garde dans les lieux les moins exposés, comme dans le fossé de sa branche droite et dans la galerie de communication souterraine dudit cornichon, et relever souvent les petits détachements qu'on aura laissés de garde ; pour la nuit qu'on ne pourra pas faire la même chose, il sera nécessaire de tenir toutes les gardes à leurs postes, et de faire à l'ordinaire un feu continuel en se relevant par tiers.

Pendant cette même journée, il ne faudra passe relâcher, et discontinuer le feu du canon, des fusils à chevalet, des arquebuses à croc, et de la mousqueterie, où elle pourra porter, sur la tête des sapes où l'on verra travailler ; il faudra même tirer des ouvrages de la place, le plus de canons qu'on pourra, à toute volée, sur la batterie de la hauteur, pour en ralentir le feu et en démonter quelque pièce si l'on peut.

La cinquième nuit et les trois ou quatre suivantes, l'ennemi achèvera d'envelopper et de déborder les branches du cornichon, il pourra alors découvrir la tête de ses tranchées si l'effet de son canon et de ses bombes aura assez ruiné le mur qui ferme la gorge de cet ouvrage pour pénétrer par là et l'emporter ; il aura pu, aussi, pendant ce temps-là, cheminer par sa droite et par sa gauche, jusqu'à sa seconde place d'armes, et en étendre d'une certaine longueur les deux extrémités qui seront hors des vues du cornichon, afin d'y établir le plus tôt qu'il lui sera possible des batteries pour en imposer aux nôtres et ruiner nos défenses, car, jusqu'à ce qu'il ait établi une assez grande quantité pour démonter notre canon, il aura beaucoup à souffrir.

De notre côté, nous ne manquerons pas, à l'ordinaire, de faire grand feu de toute espèce, et afin qu'il soit plus certain pendant la nuit, éclairer le travail de l'ennemi le plus qu'on pourra ; on répétera les sorties de nuit autant qu'on le jugera convenable, et en cas que l'ennemi eût fait quelque faute en aventurant quelques tranchées mal soutenues, il ne faudra pas manquer d'en profiter et de sortir dessus, et d'abord qu'on s'apercevra qu'il serrera d'un peu trop près le cornichon, en retirer les quatre pierriers et les faire rentrer dans la place pour ne pas s'exposer à les perdre, et les laisser à l'ennemi, qui ne manquerait pas de s'en servir contre nous.

L'ennemi se trouvant donc à portée de découvrir le mur qui ferme la gorge du cornichon, s'il remarque qu'il soit assez ruiné pour pénétrer dans cet ouvrage, il fera incessamment sa disposition pour l'attaquer pendant la nuit afin de mieux cacher sa manœuvre, et d'être moins exposé aux feux que nous lui aurions préparés. De notre côté, nous retirerons de bonne heure la garde du chemin couvert, pour ne la pas exposer à une insulte par les raisons que j'ai ci-devant alléguées, et si ledit mur de gorge se trouvait détruit de façon à n'avoir pu le réparer d'une manière assez solide, à pouvoir espérer d'arrêter l'ennemi, il ne serait pas prudent de s'exposer à un assaut, parce que, venant à être forcé, la galerie de communication souterraine par où l'on ne peut défiler qu'un à un, ne se trouverait pas assez aisée ni assez commode pour faire une prompte retraite, et on pourrait compter que plus des trois quarts de la garde seraient taillés en pièce, à quoi il ne conviendrait pas de les exposer dans l'espérance incertaine de soutenir peut-être un jour de plus un ouvrage qui est pour ainsi dire aventuré, et dont la propriété naturelle n'est que d'éloigner l'ouverture de la tranchée et d'amuser un ennemi quelques jours de plus : il faudra donc, en ce cas, après avoir retiré toutes les munitions, ne laisser dans cet ouvrage qu'une garde de 20 ou 25 hommes, commandée par un officier intelligent, qui aura ordre de faire feu en plusieurs endroits de l'ouvrage, pour faire croire qu'il est toujours bien gardé et qu'on n'est pas dans le dessein de l'abandonner, mais qui se retirera par la communication souterraine d'abord que l'ennemi sera prêt de l'attaquer, après avoir fait sur lui sa décharge; il faudra cependant tenir ferme pendant quelques moments à l'entrée de ladite communication, dans le petit souterrain voûté qui est au pied de l'escalier, donner le temps à l'ennemi d'entrer dans l'ouvrage, et lorsque l'on croira qu'il y sera assemblé en troupes, ce qu'on connaîtra, par le bruit qu'il fera et par les grenades qu'il nous pourra jeter par ledit escalier, mettre le feu aux mines qu'on aura préparées sous les branches et le front dudit ouvrage, ce qui ne manquera pas de lui faire périr bien du monde, observant, pendant ce temps-là et celui que l'ennemi emploiera à se loger, de faire un grand feu de mousqueterie, · et des fusils à chevalet, de la pièce, 38, et de son chemin couvert, ainsi que de tous les canons des ouvrages qui pourront voir et croiser sur le logement : il est censé que pour cet effet on aura pointé et ajusté de jour les pièces, ainsi qu'il a été expliqué, de la manière qu'il convient pour tirer avec succès pendant la nuit ; aussitôt qu'on aura mis le feu aux mines, la garde achèvera de se retirer dans la susdite communication souterraine qui sera fermée à son entrée par une porte crénelée de madriers de chêne de trois ou quatre pouces d'épaisseur suspendue à un petit châssis de bois de chêne solidement attaché avec de bonnes pattes de fer aux pieds-droits de ladite communication. Ladite porte armée dans le milieu de deux pointes de fer de grosseur suffisante qui sortiront de deux pieds et demi pour empêcher l'ennemi de venir croiser le pistolet ou le mousqueton avec les nôtres. Ces pointes se poseront après que la porte sera fermée et verrouillée, et seront arrêtées chacune par deux crampons enfoncés dans la porte, au travers desquels on passera une cheville de fer qui traversera en même temps la queue de ladite pointe ; observant de garder ladite porte autant qu'il conviendra : et ladite communication devra être barrée de distance en distance jusqu'à la place par une pareille porte afin d'en être toujours le maître. Si nous avons préparé deux fourneaux à 7 ou 8 toises parallèlement à la gorge dudit cornichon pour une manœuvre dont je vas parler, dans un moment, nous serons en état de nous en servir pour faire sauter le logement de l'ennemi, s'il passe pas-dessus, lorsqu'il sera bien établi. Voilà à peu près la manière dont on se doit conduire, et ce qui se peut faire dans ce premier cas.

Si, au contraire, la traverse parallèle au mur crénelé qui forme la gorge dudit cornichon a bien fait son office, qu'elle l'ait couvert autant qu'on le peut espérer, des coups échappés du canon de la hauteur, et qu'il en ait été peu endommagé, ainsi que des bombes, nous aurons pu remédier aux brèches qui auront été faites dans le haut de ce mur, qui est de 9 à 10 pieds sur 1 1/2 d'épaisseur, en plantant au pied, dans une rigole, et en dedans de l'ouvrage, des lignes de pièces de bois, 11 à 12 pieds de longueur sur 9 à 10 pouces d'épaisseur, bien serrées l'une contre l'autre, attachées à de bons liteaux ou lambourdes, et crénelées de distance en distance; si nous avons d'ailleurs eu soin de planter une bonne ligne de palissades en dehors de l'ouvrage, à 3 ou 4 pieds, parallèle audit mur, cela nous mettra en état d'attendre l'ennemi et de défendre l'ouvrage de pied ferme, et pour y pouvoir mieux réussir encore, il faudra quelques jours à l'avance préparer deux mines de fond à droite et à gauche de la galerie de communication souterraine, lesquelles seront placées en dehors à 7 ou 8 toises au moins, parallèlement audit mur de gorge, pour qu'il n'en soit pas offensé lorsqu'on les fera jouer : bien entendu qu'elles seront assez éloignées de la communication souterraine pour qu'elle ne se ressente point de leur effet, ce qui sera aisé à éviter. Étant donc dans la résolution de soutenir l'assaut, on pourra approvisionner de bonne heure et abondamment l'ouvrage de toutes les choses nécessaires en cas pareil, comme armes de rechange, hallebardes, pertuisannes, poudre, balles, force grenades, tourteaux et fascines goudronnées, etc., etc. Comme l'ennemi ne manquera pas de nous jeter force grenades par dessus le mur de gorge, dans l'espérance de nous forcer d'abandonner ce poste, on pratiquera une rigolle de 2 à 3 pieds de large et de 3 de profondeur, au pied de la traverse. Le terrain qui se soutient étant très ferme, sera coupé un peu en talus du côté de ladite traverse, et à plomb de l'autre, et les terres qui sortiront de l'excavation de la rigole seront arrangées un peu en pente depuis le mur de gorge jusqu'à ladite rigole, afin que les grenades puissent couler facilement et crever dedans sans offenser nos gens : on pourra employer au soutien de cet ouvrage trois ou quatre cents hommes choisis, commandés par des officiers de tête et expérimentés, desquels on laissera cent hommes en réserve dans la communication souterraine, d'où on les livrera suivant les besoins, il faudra d'ailleurs bien garnir de monde la pièce 38, et son chemin couvert, même en partie la communication découverte de ladite pièce 38, au cornichon, si on le juge à propos, observant de jeter un peu avant l'assaut quelques tourteaux et fascines goudronnées sur les glacis du chemin couvert des branches du cornichon, et en avant de son mur de gorge pour éclairer l'ennemi pendant sa marche et pendant l'action, et procurer par là à notre feu un effet plus certain ; le soutien de notre mur de gorge devra faire notre principale attention, mais comme dans ces occasions, il faut se méfier et être en garde partout, il sera nécessaire de border soigneusement les parapets de l'ouvrage, de crainte que l'ennemi ne se portât dans le fossé de son front, où il serait à couvert et qu'il n'y plantât quelques échelles, non-seulement pour faire diversion, mais encore pour pénétrer par là si nous n'y étions pas bien sur nos gardes ; mais n'étant point surpris, il sera fort aisé à repousser : toutes les mesures étant bien prises, nous attendrons, en nous tenant fort alerte, le moment que l'ennemi choisira pour nous attaquer.

Nous pouvons présupposer que l'ennemi ayant fait la démarche d'envelopper cet ouvrage pour le prendre par la gorge, qu'il ne voudra pas en avoir le démenti et en changer l'attaque, sans avoir fait au moins, une tentative pour l'emporter, quoiqu'il ait pu remarquer le soin que nous avions eu de bien réparer notre mur de gorge, et il pourra être induit à nous attaquer par là, dans l'espérance que nous pourrions bien abandonner sans le soutenir, un ouvrage qui paraît aventuré, même de forcer notre palissade et les pièces de bois qui fermeront les ébranchements dudit mur, ou de nous obliger à quitter prise, par le nombre prodigieux de grenades qu'il pourrait nous jeter par dessus le mur ; mais qui ne nous feront pas grand mal, au moyen de la rigole proposée, dans laquelle elles iront crever.

L'ennemi ayant donc pris son parti, fera sa disposition telle qu'il le jugera à propos pour nous attaquer vraisemblablement, au commencement de la nuit, afin d'avoir plus de temps pour perfectionner son logement. De notre côté : pour juger de l'heure que nous devrons être attaqués, nous aurons

attention à tous ses mouvements, à toutes ses allées et venues
plus fréquentes qu'à l'ordinaire, aux fascines et gabions qui
paraîtront sur les revers de la tranchée, et au monde extraordinaire qu'on y aura fait entrer pour la renforcer ; toutes ces
choses étant des marques certaines que l'attaque est prochaine
et résolue , nous devons de plus en plus nous tenir sur nos
gardes ; l'ennemi étant donc prêt à déboucher, il le fera par
sa droite et par sa gauche ; mais nous devons nous attendre
que sa marche sera précédée par plusieurs salves de ses mortiers, et qu'il nous enverra une grêle de pierres, de bombes,
et de perdreaux ou grenades pour nous mettre s'il peut, en
désordre, et c'est un mal que nous ne saurions empêcher si,
sur la fin de toutes ces décharges, l'ennemi nous envoie deux
ou trois bombes, l'une après l'autre, et tirées à intervalles
égaux, nous pourons juger que c'est le signal de l'attaque,
et qu'il commence à déboucher. Soit par ce préjugé ou quelqu'autre, quand nous nous serons aperçus qu'il se met en
marche pour commencer l'attaque, il faudra faire un feu
très vif, du chemin couvert de la pièce 58, sur la gorge du
cornichon devant laquelle l'ennemi sera assemblé en grosse
troupe, ceux qui seront employés à la défense de ce dernier
ouvrage, feront aussi un feu continuel par les créneaux du
mur de gorge, auquel on aura posté les meilleurs tireurs qui
après avoir fait leur décharge, changeront incessament
d'armes avec le rang de derrière, pour que le feu soit plus
vif et plus prompt, et nos coups seront d'autant plus certains
que nous aurons eu plus de soin de jeter force feux d'artifice pour éclairer l'ennemi, qui, se trouvant entre deux feux
et accablé d'un grand nombre de grenades, aura beaucoup
à souffrir, et sera probablement obligé de quitter prise,

toutes les bonnes apparences étant pour nous. Si l'ennemi avait négligé de diriger un feu de mousqueterie sur la lunette 38, pour en imposer aux nôtres pendant l'action, nous pourrions nous prévaloir de cette omission, et faire sortir de gros détachements qu'on rangerait sur son glacis parallèlement au cornichon pour faire un feu plus considérable et plus direct ; et si cependant nous nous trouvions trop pressés, il faudrait faire jouer incessamment une des deux mines dont j'ai parlé ci-devant, et même l'une et l'autre si on le jugeait à propos, et avoir pris là dessus des justes mesures pour que cette opération fût exécutée un moment après que l'ordre en aurait été donné, et l'on pourrait s'en promettre un désastre d'autant plus funeste pour l'ennemi, que le gros de son monde se trouverait dessus et à portée d'en ressentir l'effet qui terminerait vraisemblablement ce premier assaut ; mais si nous le pouvons repousser sans cela : il sera bon de conserver ces mines pour une autre occasion, et en cas que l'ennemi revienne le lendemain à la charge, on pourra l'attendre encore une ou plusieurs fois, ou céder suivant la situation où l'on se trouvera pour lors : car il ne faudra pas s'exposer à être emporté d'assaut ; mais soit que l'ennemi se trouve rebuté par le premier assaut, ou qu'il nous ait trouvés trop bien retranchés pour le tenter, il sera obligé en ce cas, d'en revenir à établir une batterie sur le haut du chemin couvert du front de cet ouvrage pour y faire brèche dans les formes ; d'abord que nous connaîtrons qu'il aura pris ce parti, nous pourrons remettre quelques détachements dans son chemin couvert, qu'on aura soin de retirer lorsque l'ennemi s'en approchera de trop près par ses tranchées, au progrès desquelles nous nous opposerons le

plus que nous pourons par un grand feu jusqu'à l'établissement de la batterie sur le chemin couvert, et si nous avons
préparé quelques fourneaux sous son glacis, il faudra les
faire jouer le plus à propos qu'on pourra

D'abord que le canon de ladite batterie aura fait une brèche suffisante, il conviendra de retirer la garde, et de ne laisser qu'un détachement de 20 ou 25 hommes, qui se retireront par la galerie de communication souterraine ; d'abord
que l'ennemi paraîtra sur le haut de la brèche, et qui met-
tront le feu aux mines qui seront sous ladite brèche et sous
les longs côtés de l'ouvrage, lesquelles feront bien périr du
monde, observant après la retraite de bien fermer et garder
autant que besoin sera, la première porte de ladite galerie.

Voilà à peu près toutes les manières dont le cornichon
pourra être attaqué et celles qu'il conviendra d'employer à sa
défense. De quelque façon que l'ennemi s'en rende maître
d'abord qu'il l'aura pris, et que son logement sera bien établi, sa première attention sera d'établir une batterie de canon, et une autre de mortier à bombes à la gauche, à son
égard, du cornichon, pour ruiner le parapet et les palissades de
la berme, et de la gorge de la pièce 38 ; il en pourra établir
aussi une de pierriers pour battre la même pièce, d'abord
qu'il en sera assez à portée ; et pendant qu'il s'occupera à la
façon de ces batteries, il achèvera sa seconde parallèle ou
place d'armes ; supposé qu'elle fût déjà commencée, avec toute
la diligence qu'il lui sera possible, afin de pouvoir établir
promptement toutes les batteries nécessaires, pour battre et
ruiner d'une distance convenable, les défenses de la place, et
en démonter le canon dont il aura été fort tourmenté pendant longtemps : car, quand même il aurait dès les premiers
jours du siége, établi des batteries le long de la première

parallèle, elles auraient été trop éloignées pour nous faire
grand mal et en imposer aux nôtres, et cela aurait jeté l'assiégeant dans la dépense et le travail d'une double manœuvre
qui aurait retardé d'ailleurs l'avancement de ses tranchées.

Comme cette seconde parallèle commencera à approcher
beaucoup de la place l'ennemi, il faudra faire un feu très
vif des avant-chemins couverts, et élever un peu les coups,
et faire tirer par les deux tiers des gardes pendant les deux
premières heures, qui est le temps auquel on pose les travailleurs, et par un autre tiers toutes les deux heures ensuite
ainsi qu'il a été déjà dit.

L'ennemi se trouvant assez à portée, il sera bon de continuer à faire de temps en temps, pendant la nuit, de petites
sorties pour donner l'alarme aux travailleurs et voir le progrès qu'ils feront, observant premièrement de ne les point
faire directement devant les attaques pour ne les point
mettre entre deux feux, mais de prendre toujours un peu à
droite ou un peu à gauche, et profiter des avantages que les
revers de la pièce 38 pourra nous procurer ; deuxièmement,
de ne point faire cesser tout le feu pendant la marche, de
peur que les ennemis ne s'en aperçoivent, mais bien le
continuer des parties dont les vues soient détournées des
marches de la sortie, afin qu'elle n'en soit point incommodée :
troisièmement, de faire entre deux ou trois petites sorties,
quelqu'unes plus fortes ; quand on aura un temps favorable
pour cela, comme d'une compagnie de grenadiers ou deux,
qui s'avanceront tout doucement, le plus près qu'elles pourront de la tête des tranchées, et quand elles y seront découvertes, enfoncer brusquement ce qui se trouvera devant elles
jusqu'à ce que l'ennemi ébranlé revienne à soi et tourne tête
à la sortie, pour lors, il sera temps de se retirer ; quatrième-

ment observer que les retours doivent toujours être accompagnés de feux à éclairer sur les barrières pour montrer aux nôtres, les lieux de leurs retraites ; cinquièmement, de faire tirer quelques balles ardentes du côté de l'ennemi, pour tâcher de le faire voir à notre mousqueterie ; sixièmement, favoriser la retraite des nôtres, par une douzaine ou deux de coups de canon, la cavalerie de garde, de son côté se tenant hors du chemin couvert, pendant ce temps-là, pour les aider et soutenir, et en même temps donner l'alarme de plusieurs autres côtés par d'autres troupes de cavalerie : le jour ce ne doit pas être la même chose ; il faudra que l'on se renferme dans le chemin couvert, où il suffira de faire un feu de huit ou dix hommes, de chacun des grands angles les plus avancés, observant de les faire diriger par autant d'officiers qu'il y aura d'angles, qui seront relevés de temps en temps et montreront continuellement aux soldats où il faudra tirer et quand, car il ne servirait de rien de brûler la poudre et répandre son plomb où on ne voit rien remuer.

Selon les apparences, l'ennemi ne se trouvant pas encore assez près, il ne conviendra pas d'entreprendre sur lui une sortie de jour, il faudrait quitter les avantages de la place pour entrer dans ceux des attaques. Les avantages de la place sont d'être à 100 ou 120 toises du chemin couvert, parce que dans cette distance, on est sous la protection de son feu, outre celle du canon, des bombes et des pierres, si l'on veut s'en servir, c'est la même chose des attaques de l'ennemi quand il fait des places d'armes, et qu'elles sont achevées et garnies, car il est certain que tout ce qui se trouve dans la distance de 100 ou 120 toises de leurs têtes est dans les avantages de l'ennemi, quand les feux sont si fort approchés, qu'ils se croisent de plus près que ces distances, c'est-à-dire, quand l'ennemi est à 100 ou 120 toises des ouvrages, les avantages étant confondus il n'y a plus rien à ménager.

Pour revenir aux sorties, M. le maréchal de Vauban était tout-à-fait contraire aux grandes, excepté aux trois cas: le premier, quand vous vous trouvez sur une digue ou lieu étroit par lequel la sortie ne pourrait pas être coupée; le deuxième, quand l'ennemi en fournissait le moyen par des fautes dans la conduite de ses retranchées mal soutenues qui vous présentent un grand avantage, et le troisième, que la disposition du terrain puisse cacher une partie de la marche de votre sortie ponr l'allée, et que votre feu puisse si bien favoriser la retraite des vôtres, que toutes les bonnes apparences soient pour vous, et comme il allait toujours au solide, il comptait pour rien le brillant qui est dans la plupart des sorties d'ostentation, qu'il prétendait qu'on payait toujours presque très chèrement: revenons à notre attaque; d'abord que l'ennemi aura achevé sa seconde parallèle, il avancera ses tranchées pour envelopper, le plus qu'il pourra, la pièce 38, afin de se pouvoir loger après sa prise, parallèlement à sa gorge, pour ne se pas exposer en se logeant sur l'ouvrage à l'effet des mines que nous aurions pu lui préparer; il travaillera en même temps avec toute la diligence possible, à la construction de ses batteries que je présupose qu'il établira suivant la disposition marquée sur le plan, parce que c'est à peu près la meilleure et la mieux dégagée qu'il puisse leur donner pour battre les contre-gardes 7 et 9, et la demi-lune 8, du front de l'attaque, et les cavaliers 69 et 70, et pour tirer à ricochet avec succès; il pourra en outre diriger quelques pièces de ces mêmes batteries, pour battre les lunettes 43, 42, 41, 40 et 37 : ces pièces palissadées seulement sur la berme, n'ayant que 6 à 7 pieds de hauteur au-dessus extérieurement, seront suffisamment battues par les mortiers à bombes, à grenades et à pierres, et par trois pièces de canon de chaque batterie plus ou moins, qui pourront aussi battre d'écharpe et à ricochet plusieurs parties de leur chemins couverts.

Lorsque les ennemis reprirent cette place en 1704, ils ne firent point d'usage du canon à ricochet, et ils l'ont très peu mis en pratique aux siéges qu'ils ont fait depuis ce temps-là, soit qu'ils n'en aient pas connu le mérite, ou que la manière de s'en servir ne fût pas encore venue à leur con-naissance ; mais comme c'est une chose fort simple et fort ai-sée, on ne peut guère douter qu'ils ne l'aient apprise et qu'ils ne s'en servent dorénavant. Quoique nos officiers d'artillerie connaissent fort bien la manière de tirer à ricochet, je crois qu'il ne sera pas hors de propos de l'expliquer en passant, car bien que ce soit les assiégeants qui en fassent ordinaire-ment l'usage, il peut cependant se rencontrer des occasions pendant un siége, où les assiégés pourront le mettre en pra-tique, ce qu'il ne faudrait pas négliger.

La manière de se servir du canon à ricochet a été inventée par M. le maréchal de Vauban, qui en a fait un très grand usage aux trois ou quatre derniers siéges qu'il a conduits, et au moyen de laquelle il plongeait par enfilades dans les che-mins couverts et sur les terre-pleins des ouvrages attaqués ou qui flanquaient les attaques jusqu'à en éteindre le feu ; on s'en est aussi servi autant qu'on a pu avec le même avantage aux siéges des places que nous avons attaquées depuis ce temps-là, et particulierement au Quesnoy ; voici en quoi elle consiste :

Quand on a placé la batterie dans l'alignement de la fortification qu'on veut battre à ricochet, si c'est, par exemple une face ou une courtine d'ouvrages, dans l'alignement du milieu du terre-plein ou environ, on met la pièce dont on veut tirer sur la semelle, c'est-à-dire à toute volée et on la charge avec des mesures de ferblanc, remplies et raclées avec autant d'exactitude que les sauniers en apportent à mesurer le sel ; on verse la charge dans la lanterne, on la conduit doucement au fond de la pièce dans laquelle on coule la bourre, appuyant du refouloir dessus sans la battre ; la pièce étant ainsi chargée restant sur la semelle, il n'y a plus que le trop, ou le trop peu de charge qui puisse empêcher le coup d'aller où l'on veut ; mais on a bientôt trouvé la véritable charge qu'il lui faut, quand chargeant toujours de même poudre, et de même, on l'augmente ou diminue jusqu'à ce qu'on voie le boulet, en le conduisant de l'œil, entrer dans l'ouvrage où l'on veut qu'il aille en effleurant le sommet du parapet.

Quand on a trouvé une fois la vraie charge, il n'y a plus qu'à continuer tant que la même poudre dure, et comme le pièce ne recule pas, le boulet se porte toujours au même endroit ; mais quand on change de poudre, il faut prendre garde au ricochet, et le régler de nouveau en augmentant ou diminuant la dose de la nouvelle poudre, selon qu'il sera nécessaire pour porter le boulet où l'on veut, observant de le diriger de manière qu'il passe un pied ou un pied et demi par dessus les parapets des ouvrages dans lesquels on veut qu'il entre, et pour lors, il va plongeant et par bonds jusqu'à ce qu'il trouve quelque chose qui l'arrête, ou qu'il ait perdu sa force : comme les pièces ne reculent point, on peut les fixer pour s'en servir la nuit comme le jour, et quand même il les faudrait contenir par des tringles clouées sur les plates-formes pour les mieux assurer, cela ne ferait que bien.

Il faut, pour bien faire, à chaque pièce cinq mesures de fer-blanc numérotées de ce que chacune contient de poudre pesant, pour une once, deux onces, quatre onces, huit onces ou demi-livre, et seize onces ou une livre.

D'abord que l'ennemi aura par ses tranchées enveloppé la pièce 38, et qu'il s'en trouvera assez à portée, il fera sa disposition pour l'attaquer; mais comme avant ce temps-là cette pièce aura été fort tourmentée par le canon, les bombes, les doubles grenades et les pierres, nous aurons dû veiller autant qu'il aura été en notre pouvoir, à nous préserver au moins contre les grenades et les pierres par les abri-vents et les capuchons de planches ou d'osier, et ne laisser que peu de monde pendant le jour, tant dans ladite pièce que dans son chemin couvert, qu'il faudra abandonner lorsque l'ennemi s'approchera de trop près afin de n'en point exposer les gardes à une insulte, n'étant pas assez près de la place pour en recevoir la protection requise en cas pareil, les palissades de la berme, de la gorge et du chemin couvert de cet ouvrage seront à tout moment détruites par le canon et par les bombes; mais il faudra avoir grande attention à les réparer promptement.

Lorsque nous emportâmes cette pièce, pendant le siége en 1713, les assiégés voulurent la soutenir de vive force ou furent surpris ne croyant pas l'attaque si prochaine : elle était gardée par 150 hommes; ils furent emportés par 100 grenadiers, soutenus de 100 autres qui chassèrent de la communication découverte, les troupes qui la gardaient, et les 100 premiers pénétrèrent par la gorge quoiqu'elle fût formée de deux bonnes lignes de palissades où il n'en manquait pas une seule ; des 150 hommes, il y en eut 60 ou 70 de tués sur la place, et 50 de faits prisonniers, le reste se sauva comme il put par une galerie de charpente de communication souterraine qui partait du centre de l'ouvrage et aboutissait à la galerie de maçonnerie de communication, qui conduit de la place au cornichon 39 ; nous ne serions donc nullement d'avis d'exposer nos troupes à une pareille catastrophe puisqu'elles seraient vraisemblablement emportées, car les palissades de la gorge, pouvant être détruites en partie par l'effet du canon et des bombes un peu avant l'attaque, l'ennemi pourrait pénétrer, non-seulement par les ouvertures qu'il trouverait, mais encore le long des faces de l'ouvrage, qui étant alors fort déchirées et sans fraise, lui donneraient lieu de monter sur un aussi grand front qu'il voudrait, et la garde se trouvant pour ainsi dire abandonnée à ses propres forces, ne pouvant être soutenue de la place pendant la marche de l'ennemi que par un feu fort éloigné, serait accablée par le nombre ; il faudra donc la retirer d'assez bonne heure pour n'être point surpris, et ne laisser qu'un détachement de 15 ou 20 hommes qui feront leur décharge sur l'ennemi d'abord qu'il sera à portée de l'ouvrage, et auront leur retraite par une nouvelle galerie de charpente de communication souterraine que nous avons proposée ci-devant pour être faite à l'avance depuis le centre de ladite pièce 38, jusqu'à la communication souterraine qui conduit de la place au cornichon 39 ; cette communication nous aura donné lieu de préparer à l'avance quelques mines de fond sous le terre-plein de cette pièce, qu'il faudra faire jouer d'abord que l'ennemi sera assemblé dedans en grosses troupes ; en même temps, on fera sur son logement un très grand feu de mousqueterie, des fusils à chevalet et des arquebuses à croc, partant de toutes les parties des avant-chemins couverts qui le pourront voir ainsi que de tout le canon qui aura pu être disposé à cet effet, soit que l'action se passe de jour ou de nuit ; mais il y a beaucoud d'apparence que l'ennemi choisira ce dernier temps : c'est pourquoi il ne faudra pas manquer de lui envoyer quelques balles ardentes, et autres feux d'artifices pour l'éclairer et rendre nos coups plus sûrs. Toutes les batteries de l'ennemi auront pu être en état de tirer avant la prise de la pièce 38, à l'exception de celle de sa gauche par rapport à l'ennemi, laquelle il construira incessamment pour battre la demi-lune 8, n'ayant pu l'exécuter avant de s'être rendu maître de ladite pièce ; nous devons nous attendre qu'il fera beaucoup de bruit, et qu'il cherchera à ruiner incessamment nos défenses, et à démonter tout le canon de la place qu'il pourra voir ; c'est pourquoi il ne faudra pas lui en opposer directement, mais bien lui préparer des batteries biaisées, tant sur les courtines que sur les ouvrages de la droite et de la gauche du front attaqué pour battre d'écharpe ses batteries, sur lesquelles il faudra aussi tirer force bombes pour démonter son canon, et mettre le feu si l'on peut à ses magasins de poudre, bombes et grenades ; car il ne servirait de rien de les prodiguer en les tirant sur les tranchées, ou elles ne produisent presque aucun effet ; je proposerais même, à moins que d'en avoir une très grande abondance, de les réserver pour tirer sur les batteries des ennemis qui nous battraient en brèche et autres besoins si je ne comptais pas sur des moyens qui les empêcheront de parvenir jusque là.

Nous nous préserverons autant que nous le pourrons con-

tre le canon à ricochet, dont nous aurons beaucoup à souffrir si l'ennemi sait l'employer à propos, par de fréquentes
traverses; et contre les bombes, par des petits souterrains de
bois de charpente, pratiqués sous les remparts des ouvrages,
comme aussi par des appentis de grosses pièces de bois, qu'on
pratiquera partout où on le pourra, nommément au pied du
revêtement des contrescarpes des fossés de la place, qu'on
tient à sec quand on veut, et sous lesquels on se mettra à
couvert pendant le jour.

Il sera bon d'examiner si, en faisant sortir dans la campagne,
pendant le jour, quelques pièces de canon 80 ou 100 toises en
avant de la face gauche de la lunette, 103 du fort, on ne pourrait point battre d'enfilade la batterie et la tranchée de la gauche des ennemis, et en cas que la chose fût faisable, comme il
y a beaucoup d'apparence qu'elle le serait, ne la pas négliger,
et la réitérer souvent, parce qu'elle serait capable de l'incommoder beaucoup, de démonter ses pièces, et l'obliger
peut-être à changer sa batterie.

En même temps que l'ennemi battra nos défenses, il
cheminera en avant sur les capitales des contre-gardes 7 et
9, et de la demi-lune 8, du front attaqué, pour arriver à la
queue des glacis des chemins couverts des lunettes 42, 41
et 40, et établir le plus tôt qu'il pourra sa troisième parallèle ou place d'armes. Comme le feu du chemin couvert doit
être alors fort vif, on doit soigneusement tenir la main à ce
qu'il ne manque point de poudre, balles, pierres à fusil et
de mèches, non plus que d'armes de rechange, mesures de
bois ou de ferblanc, ou de cartouches, et surtout bien prendre garde que les soldats ne chargent pas à poignée et sans
mesures, parce que cette manière de charger fait crever les

armes et occasione une dissipation horrible de poudre : il faudra aussi avoir fait provision de grenades, et renfermer le tout à l'écart, dans de petits magasins faits exprès, avec les précautions ordinaires contre le feu. Il faudra pareillement nous servir de nos batteries biaisées, pour tirer sur les têtes des tranchées, et avoir soin de jeter à la queue des glacis des feux d'artifice pour éclairer le travail que l'ennemi poussera en avant pendant la nuit, et donner moyen par là à notre feu de lui faire plus de mal, et de retarder l'avancement de ces ouvrages. Il sera bon aussi, pour le même effet, de faire de fréquentes sorties pendant la nuit, avec les précautions ordinaires, mais s'en abstenir pendant le jour, à moins que l'ennemi ne nous donnât lieu à cela par les fautes qu'il pourrait commettre, et il faudra ajouter à toutes ces choses force pierres, dont on ne pourra trop tirer d'abord que les têtes des tranchées seront assez près pour cela.

Quelque diligence que l'ennemi ait pu faire, on peut bien compter qu'il aura employé 24 ou 25 jours au moins, depuis l'ouverture de la tranchée, avant d'être parvenu à achever sa troisième parallèle. Mais comme il connaît les galeries de contre-mines que nous avons sous les capitales des lunettes 40 et 41, lesquelles sont prolongées bien avant sous les capitales des glacis de leur chemin couvert, et qu'il pourra être en outre informé des augmentations et des rameaux de droite et de gauche que nous y avons faits, comme aussi du prolongement sous la capitale du glacis, et des deux rameaux de droite et de gauche qui ont été ajoutés à la galerie des contre-mines, qui est sous la capitale de la lunette 42, toutes lesquelles galeries partent du fond du fossé de la place ; l'ennemi étant, dis-je, informé de toutes ces choses, ne marchera en avant de sa troisième parallèle qu'avec beaucoup de circonspection ; et il est à présumer qu'il ne songera pas à s'établir sur les angles saillants des avant-chemins couverts, avant de les avoir cherchés pour les rendre s'il peut inutiles, et éviter par là qu'on ne fasse à tous moments sauter ses logements, ce qui lui fera perdre bien du temps.

Nos galeries de contre-mines sont établies fort bas, et jusqu'à six pouces ou un pied près de l'eau , ainsi l'ennemi ne pourra prendre le dessous, et comme étant les premiers postés, nous aurons tout l'avantage de notre côté ; c'est en cette occasion que nos mineurs doivent déployer toute leur adresse et leur attention, pour n'être pas surpris et primer le mineur ennemi lorsqu'on l'entendra travailler, ce qui sera aisé, en écoutant attentivement et sans faire de bruit si on l'entend travailler au-dessus de notre galerie. Pour éviter qu'il ne l'enfonce par un fourneau, il sera bon de le primer promptement par une mine de fond, qui pourra, en l'étouffant, faire sauter en même temps quelque logement ; et, pour cet effet, il faudra avoir poussé à l'avance plusieurs rameaux à droite et à gauche de nos galeries de contre-mines ; mais si on ne l'entend que de côté, il suffira de l'étouffer dans sa galerie par quelque camouflet pour conserver en entier la nôtre le plus longtemps que nous pourrons, afin de s'en pouvoir servir quand on le jugera à propos pour faire sauter les logements de l'ennemi. Si après l'établissement de sa troisième parallèle il n'avance que peu ou point ses tranchées, ce sera une marque certaine que les mineurs sont occupés à chercher nos contre-mines, c'est pourquoi il faudra avoir une attention toute particulière pour découvrir de quel côté ils travailleront.

Pendant que l'ennemi sera occupé à chercher nos contre-mines, il sera temps de mettre à exécution une manœuvre d'eau pour noyer ses tranchées, sur laquelle j'ai fait un mémoire il y a près de deux ans, dont j'insère ci-après la substance.

Il faudra pour cet effet construire une digue le long de la face gauche de la lunette 55 , prolongée d'une part jusqu'au haut du glacis de la place, devant la face gauche de la demi-lune 2, laquelle ira aboutir de l'autre au chemin couvert du fort, au-dessus de 58, et qui figurera sur le terrain à peu près de la même manière qu'elle est représentée sur le plan ci-joint, pour épargner les terres qu'il faudrait de plus en la faisant en ligne droite. Le sommet de cette digue devra être élevé de 14 pieds au-dessus du niveau ordinaire des eaux de l'inondation 83, de la gorge du fort, et il suffira de la construire en terres battues et bien arrangées par lits, sur 16 pieds d'épaisseur par le haut, sans fascines par derrière pour la fortifier, parce que la partie qui aura la plus grande hauteur d'eau à soutenir, sera suffisamment fortifiée par le batardeau ou réservoir 57, et la lunette 55, contre lesquels elle sera adossée; mais il conviendra de pratiquer à son extrémité, dans le glacis du chemin couvert du fort, une décharge de quatre toises de largeur, dont le fond soit à son entrée de quatre pieds plus bas que le sommet de ladite digue, afin qu'elle puisse servir, lorsque besoin sera, à l'écoulement des eaux ordinaires de la rivière, qui passeraient alors par la queue de l'avant-chemin couvert 52 et 53, et iraient se répandre dans la prairie au-dessous, d'où elles retomberaient ensuite dans le lit naturel de la rivière, proche le moulin de la sortie des eaux ; mais il conviendrait pour cet effet de relever un peu à droite de l'avant-chemin couvert 52 et 53, le bord de l'inondation 81, dans laquelle partie des eaux entrerait. Cette digue pourra consommer 100 toises de terre, qu'on peut prendre, joignant en renfoncement dans les glacis, tant du corps de la place, que de l'avant-chemin couvert 52 et 53.

Le haut du glacis du chemin couvert du corps de la place, depuis la digue jusqu'à la pièce 45, de l'entrée des eaux, est, à deux endroits près marqués B sur le plan, plus élevé qu'il ne faut pour soutenir les eaux de l'inondation à former. Ces parties seront suffisamment relevées en y construisant des bouts de digue d'un pied et demi à deux pieds de hauteur, qui ne consommeront pas 20 toises de terre.

Il sera nécessaire, en outre, de barrer par un bout de digue la communication de la lunette 56, proche la palissade du chemin couvert, et tous les passages des barrières de sortie, pour empêcher que les eaux ne se perdent par ces ouvertures.

Il sera nécessaire de barrer par deux bouts de digue, les fossés de la pièce 45 de l'entrée des eaux, ce qui se pourra faire aisément en prolongeant les parapets du chemin couvert, à droite et à gauche, en D et en E, jusqu'aux épaules de ladite pièce, observant seulement de tenir ces prolongements d'un pied plus élevés que lesdits parapets de chemin couvert, à cause des affaissements de terre, et de leur donner 18 à 20 pieds de largeur par le haut.

Et pour arrêter entièrement le cours ordinaire des eaux de la rivière, en barrer le passage par une bonne et forte digue, cotée D, entre les profils de l'angle flanqué de cette même pièce 45, la construction de cette digue méritera plus d'attention que les autres, tant parce qu'elle aura 17 à 18 pieds de hauteur d'eau à soutenir, lorsqu'elle sera faite, que par le reflux des eaux de la rivière qu'on aura à combattre dans le temps de son exécution; mais il n'y aura rien à risquer en prenant bien ses précautions, qui consistent premièrement à démolir la maçonnerie des profils, jusqu'au contrefort, et aussi que la fondation, s'il est possible, afin que les terres de la digue se puissent lier au terrain de la droite et de la gauche; 2° à battre une ou deux lignes de pilots, pour soutenir l'épi ou fascinage du derrière de ladite digue; 3° à bien enraciner de part et d'autre ledit épi dans le terre-plein de ladite pièce, lequel doit avoir 18 pieds de largeur par le bas, réduits à 10 ou 12 par le haut, avec toute la perfection requise à sa solidité; 4° à se précautionner d'une trentaine de charriots de fumier et d'un gros amas de galons, pour aider à la fermeture de ladite digue, à laquelle il sera nécessaire de donner 18 pieds de largeur par le haut, non compris celle de l'épi, et la même hauteur des autres digues; enfin, employer à sa construction de nuit aussi bien que de jour, la qualité suffisante d'ouvriers choisis, pour conserver jusqu'à son entière exécution la supériorité sur le reflux des eaux.

Il faudra barrer en même temps, par des bouts de digue, les communications des lunettes 43, 42, 41 et 40, bien boucher tous les soupiraux ou évents des galeries de contre-mines desdites lunettes qui pourraient se trouver dans le passage des eaux, dont il sera parlé ci-après, et entourer par de petites digues de 2 à 3 pieds de hauteur, les escaliers du centre des lunettes 42 et 41, qui descendent auxdites galeries de contre-mines.

Les eaux de la rivière ainsi arrêtées, elles prendront leur

cours par la queue du glacis du corps de la place, du côté de la porte de France, et contourneront les fossés des lunettes 43, 42, 41 et 40 ; mais pour donner au nouveau canal la perfection quil doit avoir pour tirer l'avantage qu'on se propose de la manœuvre des eaux, il conviendra d'en réduire, par des renfoncements, les parties les plus élevées à 8 pieds au-dessus de la superficie des eaux ordinaires à leur entrée dans la place ; le premier renfoncement, coté G, à faire est à la gorge de la place d'armes rentrante de l'avant chemin couvert, entre les lunettes 42 et 41, qui sera continué jusqu'au fossé de la lunette 42 ; ce renfoncement aura environ 60 toises de longueur sur 5 toises de largeur par le bas, et un pied de profondeur.

Le deuxième renfoncement à faire, coté H, est à la queue du glacis, devant la face gauche de la demi-lune 8 de la porte de France : il aura environ 75 toises de longueur, 5 toises de largeur par le bas, et 4 pieds de profondeur proche le percé de la sortie, allant finir à rien, d'une part au fossé du flanc gauche de la lunette 41, et de l'autre un peu plus loin que la traverse gauche de la place d'armes rentrante de l'avant-chemin couvert, entre les lunettes 41 et 40 ; en tenant le fond dudit renfoncement de 8 pieds 4 pouces plus bas que le dessus du liteau de la palissade de ladite place d'armes vers son angle, il aura la profondeur requise.

Depuis ledit renfoncement, le terrain va toujours en pente jusqu'à l'inondation 80, de la sortie des eaux.

Mais comme le passage des eaux de l'inondation à former dans la campagne doit être pratiqué à la droite de la communication de la pièce 38, qui est le lieu le plus propre à cet effet, il conviendra de barrer leurs cours par la queue du glacis de la place, par une digue de 6 pieds d'élévation sur huit pieds de largeur par le haut, placée à l'extrémité du chemin couvert, devant la face gauche de la lunette 40, ainsi qu'elle est représentée en I sur le plan.

Le terre-plein de l'avant-chemin couvert, devant la face gauche de la lunette 40, à droite de ladite communication de la pièce 38, n'est que de 7 pieds 9 pouces plus haut que la superficie ordinaire de l'entrée des eaux, mentionnée ci-devant ; c'est en cet endroit qu'il conviendra de faire une coupure dans le parapet et glacis dudit avant-chemin couvert, observant 1° de tenir son fond aussi bas que ledit terreplein ; 2° de lui donner 5 toises de largeur par le bas ; 3° d'en fasciner les côtés, pour empêcher que la rapidité des eaux ne l'élargisse plus qu'il n'est nécessaire, en emportant les terres en passant ; 4° de la blinder avec des fascines, soutenues de quelques pièces de bois, de façon que les ennemis ne le puissent découvrir à l'avance, pour prévenir les méfiances qu'ils en pourraient prendre ; et enfin de la masquer à son entrée par un bout de digue de six pieds de haut, pour les raisons que j'alléguerai ci-après, partie des terres provenantes de ladite coupure devra être mise en réserve pour barrer en temps et lieu la galerie de communication souterraine du cornichon 39, par l'escalier qui y descend du chemin couvert, devant la face gauche de la lunette 40 ; précaution nécessaire pour empêcher que les eaux ne puissent retomber dans ladite galerie, soit par cet escalier ou par quelque puits fait par les ennemis.

On laissera libre entrée de la communication de la pièce 38, pour la facilité du service, jusqu'à ce qu'il soit nécessaire de conduire les eaux jusque là ; mais alors il faudra la barrer par une digue de 5 à 6 pieds de hauteur, et de deux toises de largeur par le haut, pour mieux résister aux effets des bombes qui pourraient la rompre, si elle était plus étroite, dans un temps où il ne serait pas facile de la réparer sur-le-champ.

Il y a une petite élévation de terrain, qui commence à l'extrémité du chemin couvert, devant le flanc droit de la pièce 38, et finit à sa communication proche sa gorge ; mais comme ledit terrain n'est pas d'égale hauteur partout, il sera nécessaire de le recharger de quelques terres et de l'aplanir également d'un bout à l'autre, afin qu'il puisse mieux soutenir l'inondation qui se formera dans la campagne, à droite de ladite pièce 38, lorsqu'on y lâchera les eaux, et leur servir de passage ensuite pour entrer dans le fossé de cette même pièce 38.

Il faudra aussi faire un petit renfoncement, coté N, à la queue du glacis du chemin couvert de la lunette 37, qui aura 12 à 15 pouces de profondeur sur sa capitale, allant finir à rien de part et d'autre, sur environ 20 toises de longueur et sept ou huit de largeur. J'expliquerai ci-après l'utilité de ce renfoncement.

Comme les ennemis pourraient former leur attaque par le fort, et ensuite par un des fronts du côté de la porte d'Allemagne, quoique ce côté puisse être regardé comme un des plus forts de la place, il serait bon d'attendre à commencer les ouvrages que je propose, qu'ils eussent ouvert la tranchée ; et en cas qu'ils le fissent par un des fronts, entre l'entrée et la sortie des eaux, du côté de la porte de France, nous aurions toujours plus de temps qu'il ne nous en faudrait pour les mettre à exécution, puisque lesdits ouvrages pourraient être exécutés en moins de huit jours et huit nuits, et sans inquiétude de la part de l'ennemi, à l'exception de la coupure K, dans le glacis, devant la face gauche de la lunette 40, de l'aplanissement du terrain M, joignant l'extrémité du chemin couvert, devant le flanc droit de la lunette 38, et du renfoncement N à la queue du glacis du chemin couvert devant l'angle flanqué de la lunette 37, lesquels ouvrages il faudrait faire aussitôt que la place serait investie.

Supposons donc que l'ennemi nous donne lieu d'exécuter ce projet, à quelque front qu'il veuille s'attacher, entre l'entrée et la sortie des eaux, du côté de la porte de France, il ne faudra pas manquer de lui laisser avancer ses attaques jusqu'à la queue du glacis de l'avant-chemin couvert, desquelles cependant on devra lui disputer le progrès le plus qu'on pourra, aussi bien que la prise des pièces 38 et 39, s'il les attaque ; c'est pourquoi, pour avoir le champ libre aux lunettes 42, 41 et 40, et à leur chemin couvert jusqu'au moment qui aura été pris pour inonder les tranchées de l'ennemi, il sera bon de barrer le nouveau passage des eaux par une digue, cotée F, de six pieds de hauteur sur 8 de large par le haut ; à faire joignant la traverse gauche de la place d'armes rentrante de l'avant-chemin-couvert, entre la lunette 43 et 42 ; d'ailleurs, en retenant ainsi les eaux, l'ennemi sera plus incertain jusqu'où on les peut conduire que si on les laissait d'abord descendre jusqu'à la face gauche de la lunette 40 ; elles ne laisseront cependant pas, dans cette première situation, de lui donner beaucoup d'inquiétude par leur reflux, qui se fera sentir par la prairie au-dessus de la place jusqu'au village de Gormestein.

Tous les ouvages mentionnés ci-dessus ne nous jeteront

pas dans un remuement de 1,100 toises de terre : après qu'ils auront été exécutés, l'inondation qu'ils soutiendront achèvera bientôt de se former ; on pourra la laisser se hausser de onze et même de douze pieds au-dessus du niveau ordinaire de l'entrée des eaux. Les digues proposées pour la soutenir étant assez fortes et assez élevées pour cela, elle acquérera ladite hauteur de 11 pieds en six ou sept jours, et celle de douze pieds en sept ou 8 jours. Dans cet état, elle s'étendra, ainsi que je le viens de dire, jusqu'au village de Gormestein, et même au-delà, lequel est à 1,500 toises au-dessus de la place, augmentera l'inondation 83, telle qu'elle est marquée sur le plan, et mouillera, depuis six pouces jusqu'à 4 ou 5 pieds de hauteur, le terrain en avant du glacis du chemin couvert de la lunette 43, à-peu-près de la même manière qu'il est représenté sur ledit plan, pourra en outre se répandre dans les tranchées voisines et interdira les approches du front 5 et 7.

Il aurait été à souhaiter que la disposition du terrain eût permis de donner aux eaux leur écoulement par la queue du glacis du chemin couvert des lunettes 43, 42, 41 et 40 ; mais il est si élevé depuis la queue du glacis de la droite de la lunette 42, jusqu'à la queue du glacis de la gauche de la lunette 41, qu'il aurait fallu faire à cette partie un renfoncement de huit à neuf pieds de profondeur ; ce qui m'a obligé de faire prendre auxdites eaux la route que je leur fais tenir dont néanmoins on ne laissera pas de faire un usage presqu'aussi bon.

Cette inondation pourra être formée, même jusqu'à sa plus grande hauteur, plusieurs jours avant qu'il convienne d'employer ses eaux pour inonder les tranchées de l'ennemi ; ainsi la décharge du bout de la digue A, joignant la lunette **55**, pourra servir alors à l'écoulement des eaux ordinaires de la rivière, mais il conviendra de la fermer par devant quelques heures avant de faire l'usage des eaux proposé.

En attendant ce moment-là, il faudra disputer à l'assiégeant le terrain et les ouvrages avec tout l'art et la vigueur possibles, lui laisser établir toutes les batteries qu'il voudra pour ruiner les défenses des ouvrages, attendre qu'il soit établi à la queue du glacis des avant-chemins couverts ; le laisser là s'occuper le plus longtemps qu'on pourra à chercher nos mines dont il ne faudra pas plus négliger les fonctions que si on n'avait point d'autres ressources. On pourrait même, si on le jugeait à propos, attendre qu'il fût logé sur quelqu'un des angles saillants des avant-chemins couverts, pourvu que ce ne fût pas sur celui de la lunette **40**, à cause de la manœuvre des eaux qui se doit faire par la coupure **K**, devant sa face gauche, dans laquelle il pourrait nous inquiéter ; et quand enfin on sera près de lâcher les eaux dans la campagne, il ne faudra pas manquer d'examiner auparavant si les effets des mines que nous aurons fait jouer auront suffisamment bouché nos galeries de contre-mines, et, à ce défaut, y suppléer en les barrant sur quatre ou cinq toises de longueur, de crainte que partie de nos eaux ne s'écoulassent par lesdites galeries de contre-mines en tombant dans les puits que les ennemis pourraient avoir faits pour les éventer.

Avant d'expliquer la manœuvre et l'effet des eaux, je crois devoir faire connaître à-peu-près la quantité qu'on en aura en réserve, outre le courant ordinaire de la rivière. J'ai marqué au commencement de ce mémoire que le fond de son nouveau canal à la queue du glacis de la place, ne serait élevé que de 8 pieds au-dessus de la superficie ordinaire des eaux à leur entrée dans la ville ; et comme notre inondation sera élevée de 11 ou 12 pieds au-dessus de ladite superficie ordinaire, on aura un réservoir de 3 ou 4 pieds de hauteur sur toute la superficie des inondations. Je compte que la plus étendue, qui prendra depuis la place jusqu'à Gormestein, aura 1,500 toises de longueur au moins, sur 150 toises de largeur réduite, et que l'inondation 83, à la gorge du fort, sera de 500 toises de longueur sur 100 toises de large : ces étendues sur 3 pieds de hauteur produiront une réserve de 137,500 toises cubes d'eau et sur 4 pieds de hauteur 183,333 toises 2 pieds. Je ne compte point le volume d'eau qu'il y aura, depuis la pièce 45 jusqu'à la lunette 40, dont je fais une compensation avec la queue de l'inondation vers Gormestein, laquelle n'aura pas les 3 ou 4 pieds de hauteur que j'emploie dans mon calcul, lors donc qu'on se sera déterminé à faire l'usage des eaux projeté ; il faudra commencer par couper jusqu'au fond la digue F proposée pour les soutenir, joignant la traverse gauche de la place d'armes rentrante, entre la lunette 43 et 42, et attendre pour couper la digue qui masquera la coupure K devant la face gauche de la lunette 40, que les eaux entre ces deux digues aient acquis le niveau de l'inondation, afin qu'elles puissent d'abord passer avec abondance par ladite coupure K ; et c'est par cette raison que j'ai proposé ci-devant de la laisser jusqu'alors masquée par une digue qui couvrira, outre cela, les mouvements des troupes dans le chemin couvert. Après avoir diminué, le plus qu'on aura pu, l'épaisseur de ladite digue, une ouverture d'une toise dans le milieu donnera lieu aux eaux d'emporter en moins de rien le reste des terres de la digue, pour peu qu'elles soient aidées par deux travailleurs de chaque côté.

Je crois devoir encore marquer la quantité d'eau, que j'estime qui pourra passer en une heure par ladite coupure **K**, afin qu'on puisse mieux connaître le prompt effet qu'elle produira dans la campagne à inonder, qui a près de moitié moins de superficie que la susdite inondation.

Le passage des eaux de la rivière à leur entrée dans la place, sous le magasin 47, est de 4 toises de largeur ; elle y coule en été sur 2 pieds de hauteur avec une médiocre rapidité. Le carré de ces deux dimensions produit 1 toise 2 pieds de superficie ; le passage des eaux par la coupure **K**, sera de 5 toises 3 pieds de largeur, les talus compris. Si elles y coulent sur 3 pieds de hauteur, leur carré sera de 2 toises 4 pieds 6 pouces, qui font plus que le double des eaux de la rivière, et si elles coulent par cette coupure sur 4 pieds de hauteur, le volume d'eau qui y passera sera presque triple de celui de ladite rivière, mais ce qui augmentera considérablement ledit volume d'eau qui pourra passer par ladite coupure, est la pente qu'elle aura lorsqu'elle prendra son écoulement par le fossé de la face droite de la lunette 58, après avoir formé l'inondation à droite de ladite pièce : cette pente est telle qu'en comptant sur un volume d'eau six fois plus considérable que celui de la rivière, on ne devra pas appréhender de se tromper sur le moins. Sur ce pied-là, s'il passe 24,000 toises cubes d'eau en douze heures par l'écluse sous le magasin 47, ainsi que l'expérience me l'a fait connaître, il en passera 12,000 toises cubes pendant la première heure par la coupure **K**, mais ce nombre diminuera à proportion que l'inondation baissera, jusqu'à ce qu'elle soit réduite au courant ordinaire de la rivière qui continuera toujours d'aller son train. Le premier effet que les eaux produiront au sortir de ladite coupure, sera de former en moins d'une heure ladite inondation à droite de la pièce 38 dont je viens de parler, laquelle pourra avoir, depuis 6 pouces jusqu'à 3 pieds de profondeur ; outre les tranchées qu'elle couvrira dans cette partie, elle inondera aussi les voisines qui pourront se trouver dans le canton de terrain renfermé par la ligne ponctuée L. Aussitôt que cette inondation sera dans sa plénitude, les eaux passeront dans le fossé de la face droite de la pièce 38 et en sortiront par celui de sa face gauche et formeront, sur 1 à 3 pieds de profondeur, l'inondation que le plan représente à gauche de la pièce 38 et de sa communication, ensuite de quoi elles prendraient naturellement leur écoulement par la campagne, environ 50 à 60 toises en avant du chemin du village de Gueicheim, vers lequel elles iraient retomber dans le lit de la rivière si les tranchées de l'ennemi ne les arrêtaient pas en chemin ; comme cette campagne est assez unie partout, les eaux y passeront sur une assez grande largeur, rempliront plusieurs petits fonds trop peu sensibles pour les pouvoir représenter sur le plan, et inonderont absolument toutes les tranchées qui pouraient se rencontrer, tant sur leur route qu'à droite et à gauche, et même celle que l'ennemi aurait poussée entre ledit chemin de Gueichem, et les lunettes 36, 35, et la pièce 88 de la sortie des eaux ; mais comme ce chemin règne sur une petite crête de terrain plus élevée de 2 à 3 pieds que la partie de campagne renfermée entre ledit chemin et lesdites pièces 36, 35 et 88, les eaux qui couleraient dans les tranchées en avant de ce chemin, pourraient, par la disposition du terrain, ne se pas communiquer avec assez d'abondance dans les tranchées qui seraient entre ledit chemin et lesdits ouvrages. C'est pourquoi si l'ennemi avait avancé ses tranchées vers les susdites pièces 36, 35 et 88, il faudrait pour les inonder amplement faire passer une partie des eaux par le renfoncement N, proposé à la queue des glacis devant l'angle flanqué de la lunette 37, ledit renfoncement aura dû être barré dès le commencement par des terres provenant d'un fossé qu'il faudrait faire à cet effet sur la capitale du glacis, et au travers de ce même renfoncement, pour empêcher les eaux d'y passer sans nécessité ; et, en cas de besoin, ledit fossé serait comblé en moins de rien par les mêmes terres qui en seraient sorties ; mais il ne faudrait pas faire usage dudit renfoncement, à moins que l'assiégeant n'eût avancé ses tranchées entre ledit chemin de Gueicheim et la place : le premier effet des eaux étant le plus propre pour submerger les tranchées qu'il aurait dirigées vers les fonds 7 et 9 de la Porte de France.

Les gardes, qu'on devra redoubler en cette occasion, ajouteront à ce torrent un feu continuel de mousqueterie qui doit être accompagné de celui de toute l'artillerie qu'on aura pu placer sur tous les ouvrages de la place qui pourront découvrir les attaques, et afin que ce feu produise plus d'effet, il me paraît que le temps qui conviendra le mieux pour commencer à faire passer les eaux par la coupure K, sera une heure avant le jour afin qu'on puisse découvrir, d'abord qu'il paraîtra, le mouvement des ennemis, et de leur pouvoir faire par là plus de mal pendant qu'ils abandonnent leurs tranchées, dont il n'y aurait que quelques parties peu considérables préservées de l'inondation devant les lunettes 41 et 42.

Il sera à propos, pendant cette manœuvre, de tenir prêts des détachements de grenadiers et de travailleurs pour faire des sorties sur les parties de tranchées où les ennemis auraient pu se rassembler en foule pour se garantir des eaux, supposé qu'elles pussent permettre à ces détachements d'y arriver. Cependant, je crois qu'on peut avancer, sans témérité, qu'une telle catastrophe obligera l'ennemi de déguerpir entièrement, et d'abandonner son artillerie d'où vraisemblablement s'en suivrait la levée du siége ; car, après avoir perdu au moins un mois ou cinq semaines de temps à cette attaque, bien du monde et une partie de son artillerie, il n'y aurait pas d'apparence qu'il fût en état d'en former une nouvelle, et si il s'avisait de s'opiniâtrer et de revenir à la première, nous pourrions réitérer notre manœuvre peu de jours après en refermant la digue F, qui produirait un nouveau réservoir d'eau semblable au premier.

Je n'ai pas fait mention dans ce mémoire de l'effet que pourrait produire le mouvement des eaux. depuis la digue I, à gauche de la lunette 40, jusqu'à l'inondation 80 de la sortie des eaux, passant par la queue du glacis de la place et par les fossés de la lunette 37, 36, et 35, parce que, suivant ce que j'ai avancé, il ne sera pas nécessaire de leur faire prendre cette route qu'elles suivraient cependant avec abondance et rapidité si on coupait ladite digue I : ce que j'ai cru devoir ajouter pour ne rien omettre sur les effets qu'on peut attendre desdites eaux.

Précautions à prendre à l'occasion de ce projet.

Il faudra faire veiller continuellement toutes les digues proposées, de crainte qu'elles ne soient endommagées par les bombes ou autres accidents imprévus, et y remédier sur-le-champ pour éviter de mauvaises suites.

Charger de pierres le pont de communication sur l'inondation 83, à la gorge du fort, pour empêcher qu'il ne soit emporté par les eaux qui le noieront.

A défaut de cette communication du fort qui sera interdite, on y pourra communiquer par dehors et par-dessus la digue A et même par bateau si l'on veut.

Comme les eaux de la rivière ne passeront plus dans la ville et que, par conséquent, l'usage des moulins serait interdit, il faudrait se précautionner de moulins à cheval et à bras, et d'une bonne provision de farine ; quoi qu'on fût privé dans la place des eaux de la rivière, celle des puits et des inondations y pourraient suppléer amplement pour les hommes, les chevaux et les bestiaux.

Lorsqu'il serait question de remettre la rivière et les eaux dans leur premier état, le lieu le plus commode pour faire écouler le reste de l'inondation proposée serait par la rigole 58, qu'il faudrait élargir pour cet effet et couper ensuite, vis-à-vis la digue A ; moyennant cela, toutes les eaux iraient se répandre dans la prairie qui est en avant de l'avant-chemin couvert 85, d'où elles retomberaient dans le lit de la rivière proche le moulin de la sortie des eaux.

On a tant de choses à faire lorsqu'on est assiégé, qu'il est presque impossible de pourvoir à toutes, et l'on est souvent obligé d'en négliger une partie afin de pouvoir exécuter l'autre : ce qui est très préjudiciable au service du roi ; c'est pourquoi il serait très nécessaire que Sa Majesté voulût bien faire la dépense de quelques ouvrages de précaution, qui faciliteraient beaucoup l'exécution des manœuvres d'eau mentionnées ci-dessus, lesquels ne découvriraient pas notre dessein et qui abrégeraient la plus grande partie de la besogne. Ces ouvrages de précaution, qui ne monteraient pas à sept mille livres, suivant les estimations qui en ont été faites, consistent savoir :

A faire deux têtes de maçonnerie en forme de bajoyère d'écluse aux deux profils de l'angle flanqué de la pièce 45, de l'entrée des eaux, avec trois coulisses à chacune desdites têtes, dans lesquelles on poserait des pièces de bois pour faciliter la continuation de la digue D proposée dans ce mémoire ci-dessus ;

A élargir le rempart de deux faces de ladite pièce 45, pour se servir en temps et lieu des terres de ces élargissements qui seraient à pied d'œuvre pour l'exécution de ladite digue D ;

A joindre aux épaules de ladite pièce 45 le parapet du chemin couvert de la droite et de la gauche, ainsi qu'il a été proposé ci-devant ;

A faire le renfoncement proposé à la gorge de la place d'armes rentrante de l'avant-chemin couvert, entre les lunettes 41 et 42 ;

A faire partie du renfoncement coté H, proposé à la queue du glacis, devant la face gauche de la demi-lune 8 de la Porte de France ;

Et à construire une décharge d'eau de maçonnerie cotée R dans le parapet et glacis du chemin couvert devant la face gauche de la lunette 40.

Attaque du front 9 et 11.

L'attaque du front 9 et 11 a beaucoup de rapport avec celle du front 7 et 9, de la Porte de France, car l'ouverture de la tranchée ne sera pas plus éloignée de la place à l'une qu'à l'autre : l'ennemi pourra l'ouvrir par sa gauche à la faveur du rideau qui borde le ruisseau de Volmersain, et par sa droite sur le bord de la hauteur, proche le chemin d'Heinseim. Au moyen du grand chemin creux dont il a été parlé au commencement de l'attaque du front 7 et 9, lequel rapproche considérablement de ce côté-là l'ouverture de la tranchée, l'ennemi, à cette attaque du front 9 et 11 , est obligé, comme à la précédente, de prendre le cornichon 39 et la lunette 38, ce qu'il pourra faire à-peu-près de la même manière que nous l'avons expliquée ci-devant, et il s'étendra par sa droite jusqu'à la prairie de la sortie des eaux, pour envelopper comme il convient tous les ouvrages du front de cette attaque, et placer avantageusement ses batteries. De notre côté, nous pourrons défendre le cornichon 39 et la pièce 38, et retarder le progrès de ses attaques avec à-peu-près les mêmes précautions et les mêmes difficultés que les proposées pour l'attaque du front 7 et 9, à quoi il faudra ajouter les revers qu'on pourra prendre sur sa droite par quelque logement poussé le long de la rivière en avant de la pièce 86, au bout duquel on fera avancer des fusils à chevalet et quelques pièces de petit canon pour enfiler les tranchées, et même les battre à ricochet si les boisements du terrain ou quelques traverses nous empêchaient de découvrir dedans. Et lorsque l'ennemi aura établi sa troisième parallèle à la queue du glacis des lunettes 40, 37 et 36, il sera obligé de lui faire déborder par sa droite et par sa gauche, les lunettes 41 et 35 ne pouvant se dispenser de s'en rendre maître, ainsi que des trois autres, à cause des vues qu'elles auraient sur ses tranchées, et des revers qu'elles prendraient sur les batteries qu'il établirait sur le chemin couvert de la place, pour ruiner les flancs des contre-gardes 9 et 11. Comme nous avons des galeries de contre-mines en maçonnerie, sous les capitales des angles saillants des chemins couverts des lunettes 41, 40, 36 et 35, et que nous aurons eu le temps d'en pratiquer de charpente sous le glacis du chemin couvert de la lunette 37, l'ennemi n'aura pas peu d'occupation pour les chercher après l'établissement de sa troisième parallèle. Pendant qu'il y sera occupé, il ne faudra pas manquer de mettre en pratique la manœuvre d'eau, dont il est parlé ci-devant, laquelle noiera ses tranchées avec encore plus de succès qu'à l'attaque du front 7 et 9, et l'obligera à lever le siége sans pouvoir s'en dispenser.

Attaque du front 11 et 13.

Les précautions à prendre, mentionnées au commencement de ce mémoire, qui ont rapport aux ouvrages dépendants de ce front, auront dû être exécutées de bonne heure, et tous lesdits ouvrages mis dans l'état qu'ils doivent être pour attendre l'ennemi. Il faudra aussi se précautionner le plus tôt qu'on pourra, contre les bombes, les doubles grenades et les pierres, par des petits souterrains de bois de charpente pratiqués sous les remparts des ouvrages, et par des appentis et abrivents de grosses pièces de bois et des palissades.

Cette attaque du front 11 et 13 peut être conduite de deux manières : la première en se dispensant de prendre le cornichon 39 et la pièce 38, et la seconde en s'en rendant maître. En prenant le premier parti on épargne à la vérité la prise de deux ouvrages de plus, et on se dispense outre cela d'étendre beaucoup davantage la gauche de la tranchée ; mais cette gauche se trouvant fort raccourcie, l'attaquant n'aura plus les emplacements convenables pour établir les batteries nécessaires à battre, de revers et à ricochet, la face gauche de la contre-garde 11 et son chemin couvert, et encore moins la face gauche de la demi-lune collatérale 10, qui peut prendre de grands revers sur la tête de ces ouvrages, et qui mettrait l'assiégé en état de faire une défense bien plus vigoureuse ; et la gauche de la tranchée, quoique bien appuyée par des redoutes, pourrait être à tous moments insultée et prise de revers à la faveur de la pièce 38, du cornichon 39 et de leurs communications, dans lesquelles on peut tenir de gros corps de troupes, pour sortir sur les flancs de la gauche de la tranchée, que l'ennemi ne peut guère s'empêcher d'approcher beaucoup dudit cornichon et de ladite pièce 38, car il ne pourra se dispenser de prendre la lunette 37, indépendamment des lunettes 36 et 35, à cause des revers que ladite lunette 37 prendrait sur la batterie que l'ennemi sera obligé d'établir sur le haut de chemin couvert de la place, pour battre le flanc droit du réduit 13 ; toutes ces choses, dis-je, retarderaient autant l'ennemi que la prise des pièces 38 et 39. Quoi qu'il en soit, il serait difficile d'avoir un jugement certain sur le choix que les enne-

mis pourraient faire de l'une de ces deux manières d'attaquer
la place par le front 11 et 13, car ils n'ont pas fait de difficultés de conduire leur attaque au siége de l'île entre deux
ouvrages à cônes qui prenaient de grands revers, sur leur
droite et sur leur gauche. Cependant, comme il faut se déter-
miner à quelque chose, nous présupposerons que l'ennemi
formera son attaque sur le pied de se rendre maître du cornichon 39 et de la pièce 38, tant pour éviter leurs revers,
que pour envelopper plus commodément le front attaqué ;
et nous dirons seulement en passant que, s'il s'en dispensait,
il faudrait mettre la principale attention à profiter de tous
les avantages que les ouvrages nous donneraient sur la gauche des tranchées, qui pourraient se trouver fréquemment
enfilées et assez mal soutenues en des commencements de travail, pour faire souvent dessus des sorties avec avantage.
Supposant donc que l'ennemi se déterminera à prendre la
pièce 38 et le cornichon, on pourra en régler la défense
sur le pied que nous l'avons expliqué ci-devant, à l'attaque
du front 7 et 9, et opposer dans les approches toutes les
difficultés qui seront jugées convenables, soit par un grand
feu bien disposé de toute espèce, ou par les sorties bien con-
duites et souvent réitérées pendant la nuit et même de jour
si l'assiégeant nous donne lieu d'en entreprendre, par ses
tranchées mal dirigées ou mal soutenues ; il est à présumer
que l'ennemi terminera la droite de ses tranchées au bord de
la prairie, et qu'il ne les étendra pas dedans, quoique cela
fût assez nécessaire pour envelopper la pièce 88, parce que
nous ayant inondés, de la buze 79, un bout de tranchée
que nous avions poussé dans ladite prairie lorsque nous prî-
mes la place en 1713, et que nous fûmes obligés d'aban-

donner, il pourra appréhender pareil inconvénient. Cependant, nous ne laisserous pas sans cela d'avoir occasion de prendre de fréquents revers sur sa droite à la faveur de la rivière, en poussant le long de son bord quelques logements partant du chemin couvert de la pièce 86, et au moyen d'un poste bien retranché que nous établirons dans le moulin de la sortie des eaux, auquel on communiquera par le canal dudit moulin qui sera alors à sec ; on pourra faire avancer pendant le jour, dans ce poste ou dans lesdits logements, des fusils à chevalets ou des arquebuses à crocs et quelques pièces de petits canons, qu'on retirera à nuit tombante pour battre de revers ou d'enfilade les tranchées qui en seront vues, et il ne faudra pas négliger d'y employer le ricochet si on trouve jour à cela ; on pourra aussi pour le même effet faire avancer, dans le jardin V de madame Villeman, en avant de la pièce 88, un détachement de grenadiers et des fusils à chevalets, dont la marche et la retraite seront favorisées par une haie d'épines fort épaisse qui entoure ledit jardin ; ces manœuvres pourront nous donner lieu à faire des sorties sur les parties des tranchées enfilées, dont les gardes seront vraisemblement obligées de se retirer, ce qui pourrait donner le moyen de les raser : ces chicanes dérangeront beaucoup l'assiégeant, et pourraient bien l'obliger de changer la disposition de la droite de ses tranchées et même l'engager d'attaquer le susdit poste du moulin de la sortie des eaux, et pour cet effet, d'alonger la droite de ses tranchées dans la prairie, en avant de la pièce 88, ce qui le jeterait dans un grand travail, puisqu'il serait obligé de faire un canal pour détourner l'eau que nous lui lâcherions de la buze 79 pour inonder ses tranchées, sur lesquelles nous prendrions de fréquents revers, tant du poste du moulin que de nos logements le long de la rivière, jusqu'à ce qu'il eut trouvé le moyen de nous le faire abandonner, ce qui ne manquerait pas de lui faire perdre bien du temps et de lui coûter bien du monde.

Lorsque l'assiégeant aura établi toutes ses premières batteries et qu'il aura achevé sa troisième parallèle, il pourra s'étendre le long du glacis du chemin couvert de la face gauche de la lunette 35, pour arriver à la pièce 88, à laquelle il ne pourra faire brèche qu'en établissant du canon sur le parapet de son chemin couvert; il s'attachera en même temps à chercher les contre-mines de maçonnerie que nous avons sous les glacis des lunettes 35 et 36, et celle de bois de charpente que nous aurons pratiquées sous les glacis de la lunette 37; de notre côté, nous lui opposerons dans les approches, ainsi qu'il a été déjà dit, toutes les difficultés proposées à l'attaque du front 7 et 9, et autres que les conjonctures pourraient demander ; et nous profiterons de ces intervalles pour mettre en pratique la manœuvre d'eau dont il a été fait mention ci-devant, laquelle produira pour cette attaque un effet au moins aussi complet que l'attaque du front 9 et 11, non-seulement sur les tranchées que l'assiégeant aura dans la campagne, mais encore sur celles qu'il aurait étendues dans la prairie en avant de la pièce 88, d'où résultera la levée du siége.

Attaque du fond 5 et 7 de l'entrée des eaux.

Ce qui a été dit au commencement de ce mémoire dans la dissertation que nous avons faite des attaques de la place, fait assez connaître que celle du front 5 et 7 est naturelle-

ment une des plus difficiles ; comme les ouvrages qui en dépendent sont de même nature que ceux du front 7 et 9, et
que les approches sont à-peu-près semblables, on y pourra
opposer les mêmes difficultés et user de pareilles précautions
si l'ennemi attaque par ce côté-là ; mais l'inondation que la
manœuvre d'eau proposée ci-devant formera dans la campagne, en avant du chemin couvert de la lunette 43, interdira absolument l'accès de ce front : il n'y a qu'à jeter les
yeux sur le plan qui regarde l'attaque du front 7 et 9,
pour être convaincu de ce que j'avance, ici, sans qu'il soit
besoin d'un plan particulier ; c'est pourquoi nous jugeons
qu'il serait inutile d'entrer dans un plus long détail à l'é-
gard de ce front 5 et 7, duquel l'assiégeant se trouvera
obligé d'abandonner l'attaque, comme aux trois autres fronts
dont nous avons déjà parlé.

Je crois devoir cependant ajouter que l'inondation dans la
campagne, en avant du chemin couvert de la lunette 43,
pourra être formée neuf ou dix jours après l'ouverture de la
tranchée ; mais on pourrait la retarder si on le jugeait à propos pour donner lieu à l'ennemi d'avancer ses tranchées
jusqu'à la queue des glacis des avant-chemins couverts, et
l'occuper par là plus longtemps à cette attaque, de crainte
qu'il n'en changeât si on l'obligeait top tôt à l'abandonner.
Pour retarder donc l'inondation, lorsqu'on exécutera pour
la manœuvre d'eaux les ouvrages proposés qu'il faudrait
achever tout de suite, il n'y aurait qu'à laisser seulement
une ouverture au milieu de la digue A, vis-à-vis de la décharge 57, qui servirait d'écoulement aux eaux ordinaires
de la rivière, jusqu'à ce qu'on jugeât à propos d'achever de
former l'inondation que ladite digue A doit soutenir alors,

en coulant des madriers de 6 pouces d'épaisseur dans les coulisses des bajoyères de ladite décharge 57, pour barrer le courant des eaux de la rivière. Ladite ouverture pourra être fermée très commodément en moins de douze heures ; mais il faudra encore six ou sept jours de temps pour que ladite inondation parvienne jusqu'à sa plus grande hauteur, et c'est sur quoi il faudra s'arranger.

Le fond qu'on peut faire sur les manœuvres d'eau proposées ci-devant m'a engagé d'arrêter les attaques par les quatre fronts de la place, qui sont entre l'entrée et la sortie des eaux, du côté de la Porte de France, à la queue des glacis des avant-chemins couverts, considérant les manœuvres d'eau comme infaillibles pour forcer l'ennemi à lever le siége, s'il attaque la place par un de ces quatre fronts. Cependant, il faut convenir que les projets les mieux concertés, et qui paraissent les plus praticables, peuvent quelquefois manquer par des accidents qu'il est impossible de prévoir : d'ailleurs, je dois dire que la rivière peut se détourner au-dessus, mais assez près de la place et sous le feu de son canon, par un grand travail qui engagerait l'ennemi à un remuement de 22 à 23,000 toises cubes de terre, s'il était informé desdites manœuvres d'eau et du seul endroit par où ladite rivière pourrait être détournée, qui, néanmoins, ne serait pas aisé à connaître par ceux qui seraient hors de la place et qui n'auraient pas fait à l'avance les observations nécessaires ; mais comme cet ouvrage ne se pourrait exécuter qu'en quinze jours ou trois semaines de temps, nous en aurions toujours assez pour faire les ouvrages proposés et remplir nos réservoirs ; mais n'étant plus nourris par les eaux ordinaires de la rivière après qu'on nous les aurait ôtées, ils

pourraient diminuer beaucoup par l'évaporation et les transpirations, jusqu'à ce qu'il fût question d'en employer les
eaux, du reste desquelles nous ne laisserions pas toutefois de
faire encore un usage avantageux.

Quoi qu'il en soit, si par cas fortuit tous les moyens nous
étaient ôtés pour la réussite desdites manœuvres d'eaux, et
que nous fussions obligés de continuer la défense de quelqu'un des quatre fronts, entre l'entrée et la sortie des eaux,
du côté de la Porte de France, pour ne rien omettre en ce
cas, je crois devoir ajouter ici qu'on pourrait se conformer
pour le soutien des avant-chemins couverts, des lunettes,
du chemin couvert, du corps de la place, des demi-lunes
et des contre-gardes, à ce qui sera dit ci-après sur l'attaque et la défense du fort et du front 1 et 3, tous les ouvrages ayant ensemble un parfait rapport.

Nota. Que dans un cas pressant on pourrait laisser les
eaux des réservoirs s'exaucer d'un pied et plus qu'il n'est proposé
pour suppléer aux évaporations et aux transpirations, les digues qui en doivent soutenir les eaux ayant deux pieds de
franc, et pouvant être même exaucées un peu.

Attaque du front 13 et 15 de la sortie des eaux.

L'assiégeant formant ses attaques par ce front, il faudra
exécuter la digue proposée au cinquième article des précautions à prendre mentionnées au commencement de ce mémoire.

Faire un pont de communication partant de la gorge de la

pièce **86**, et aboutissant à la place d'arme rentrante de l'avant-chemin couvert **85**, et avoir trois ou quatre radeaux pour suppléer audit pont lorsqu'il sera détruit par les bombes, et qu'on sera occupé à le réparer.

Pratiquer sous les remparts des ouvrages de ce front de petits souterrains de bois de charpente et des appentis de grosses pièces de bois, partout où besoin sera, pour se préserver contre les bombes ; dès que la place sera investie, il sera bon d'élargir sur **4** toises de largeur par le bas la rigole **58**, qui sert à donner de l'eau pour arroser les prairies de la sortie des eaux, depuis la droite de l'avant-chemin couvert **52** et **53**, jusqu'à l'espèce de chemin creux **P**; et des terres qui proviendront de cet élargissement, rehausser en glacis le bord de l'inondation **81**, depuis ledit avant-chemin couvert **52** et **53** jusqu'à l'avant-chemin couvert **85**; ce rehaussement nous procurera une communication très nécessaire d'un de ces avant-chemins couverts à l'autre ; mais il sera d'ailleurs bien plus utile pour faciliter une manœuvre d'eau dont il sera parlé ci-après, en empêchant qu'une partie ne s'écoulât dans l'inondation **81**.

Il faudra en outre combler l'espèce de chemin creux **P**, sur 7 ou 8 toises de longueur, à **45** ou **50** toises du bord de l'inondation **81**, et tenir ledit comblement d'un pied et demi ou deux pieds plus haut que le terrain de la droite et de la gauche, cette précaution étant nécessaire par rapport à ladite manœuvre d'eau.

L'assiégeant s'étant donc déterminé à cette attaque du front **13** et **15**, nous présupposerons qu'il terminera sa gauche à la rivière par le danger où elle serait exposée d'être à

tous moments battue s'il l'étendait dans la prairie en avant
de la pièce 88 ; car ne pouvant être que très faiblement se-
courue du centre ou de la droite , à cause des ponts de communication sur la rivière par où il faudrait que le secours défilât, nos sorties soutenues par un feu vif et bien disposé, qui
partirait de nos ouvrages, auraient tout l'avantage pour elles,
outre que nous pourrions inonder cette gauche de la buze
79 ; mais cet obstacle se peut surmonter par un grand travail.

L'assiégeant sera obligé d'ouvrir sa tranchée de fort loin,
et pourra établir sa première parallèle ou place d'armes à
quelques 250 toises de l'inondation 81, et de l'avant-chemin
couvert 85, et il s'avancera en assez peu de temps jusqu'à la
seconde, parce que la situation ne nous permettra pas de faire
sur lui des sorties pour l'inquiéter et retarder son travail qu'il
fera par conséquent assez à son aise; il tâchera aussi de se
rendre incessamment maître de la redoute 51 par un coup
de main, et il pourra s'en servir utilement pour appuyer sa
droite. Comme cette redoute est d'une trop médiocre défense, n'étant que de terre, et qu'elle est trop éloignée de
nos ouvrages, tant pour y communiquer commodément que
pour la pouvoir soutenir contre une insulte, il en faudra retirer la garde avant qu'elle puisse être insultée ; sa perte et
l'usage que l'ennemi en pourra faire ne devra pas nous mettre en peine, comme on le verra par la suite.

En même temps que l'assiégeant achèvera sa deuxième
parallèle, il pourra bien travailler à ses premières batteries
pour ruiner nos défenses ; ensuite, il s'avancera par de fréquents retours vers l'avant-chemin couvert 85 et l'inondation 81 ; de notre côté, nous retarderons le progrès de ses

ouvrages par un grand feu de mousqueterie et des fusils à chevalets partant de l'avant-chemin couvert 85, et du chemin couvert de la pièce 88, et par celui de toute l'artillerie des ouvrages du front attaqué ; il faudra, outre cela, pousser en avant du chemin couvert de la pièce 88, un logement parallèle à la rivière, de 100 à 120 toises de longueur, pour voir de revers la tête des tranchées : on pourra pratiquer encore un pareil logement dans le terrain de la campagne, partant du chemin couvert de la face gauche de la lunette 35, qui viendra aboutir au bord de la prairie, lequel sera prolongé autant qu'il conviendra pour voir aussi de revers la tête des tranchées ; il faudra faire avancer à l'extrémité de ce logement quelques pièces de petits canons des fusils à chevalets ou des arquebuses à croc. Si ces deux logements sont bien disposés, le feu qui en partira ne manquera pas de causer beaucoup de perte à l'assiégeant, de retarder et de déranger beaucoup son travail. Lorsqu'il aura trouvé le moyen de se parer du feu desdits logements et que la tête de ses tranchées seront à 50 ou 60 toises près de l'avant-chemin couvert 85, et du bout de l'inondation 81, il sera temps de mettre en pratique un moyen sûr que nous avons trouvé pour l'obliger d'abandonner ses tranchées.

Nous avons dit ci-devant, qu'aussitôt que la place serait investie, il fallait combler l'espèce de chemin creux P, et élargir la rigole 58, depuis la droite de l'avant-chemin couvert 52 et 53, jusqu'au chemin creux P ; mais, d'abord que la tranchée sera ouverte à l'attaque du front 13 et 15. il faudra achever en diligence l'élargissement de la rigole 58, jusqu'à la digue O, ce qui se peut exécuter en moins de deux nuits de travail.

Les choses ainsi disposées, en coulant des madriers bien joints dans les coulisses des bajoyers de la décharge 57, qui est à la pointe de la lunette 55, et en fermant les vannes du passage de l'entrée des eaux de la rivière sous le magasin 43 ; en quinze heures de temps, ces retenues nous procureront au moins un amas de 27,000 toises cubes d'eau, soit dans la partie basse du canal, dans le lit de la rivière, ou dans l'inondation 83 de la gorge du fort ; cet amas d'eau fait, le temps convenable pour en faire usage sera lorsque l'ennemi aura approché le reste de ses tranchées à 50 ou 60 toises près de l'avant-chemin couvert 85, ou du bord de l'inondation 81 ; car, si on attendait qu'il fût arrivé jusques là et qu'il eût fait ou commencé la rigole que vraisemblablement il pratiquerait au-dessus de l'avant-chemin couvert 85 , pour saigner l'inondation 81, la plus grande partie de nos eaux pourrait s'écouler par ladite rigole, ce qui nous ferait perdre le fruit qu'on s'en doit promettre ; et c'est à quoi il ne faut pas s'exposer. Ainsi, après avoir retardé, par toutes les chicanes qu'on aura pu imaginer, les approches de l'ennemi jusqu'à ladite distance de 50 ou 60 toises, en coupant la digue O, vis-à-vis la rigole 58, notre amas de 27,000 toises cubes d'eau, suivi du courant ordinaire de la rivière, passant par ladite rigole 58, arrivera avec beaucoup de rapidité à l'espèce de chemin creux P, et au moyen du comblement que nous y aurons fait elle se partagera en deux parties, à droite et à gauche, et inondera entièrement les tranchées qui s'y trouveront et toutes celles qui seront le long de la prairie qui est fort unie partout, jusqu'à la queue de la tranchée qu'on ne peut pas douter que l'assiégeant ne soit obligé d'abandonner avec l'artillerie qu'il pourra avoir en batterie, et sans retour. La même manœuvre pourrait être réitérée plusieurs fois en refermant la digue O , mais il est certain qu'on n'en aurait pas besoin. Pendant la retraite des ennemis, il ne faudra pas manquer de les saluer de toute notre artillerie et de tout le feu de la mousqueterie qui sera à portée de leur tuer du monde.

Attaque du front de l'ouvrage couronné , suivie de celle du front 1 et 2.

Si nous avons dit au commencement de ce mémoire, en parlant des attaques, que les fronts de la place qui sont couverts par l'ouvrage couronné devaient être regardés comme les plus difficiles à attaquer, cela ne doit s'entendre que pour ceux qui ne sont pas informés de l'usage avantageux qu'on peut faire des eaux de la rivière , qui a été inconnu jusqu'à présent ; mais les manœuvres d'eau proposées ci-devant à chacune des cinq attaques, dont nous avons déjà discuté la défense, font assez connaître, si aucun cas imprévu n'en empêche la réussite, que la place ne pourra plus être prise par aucun de ces cinq fronts , de sorte que les fronts qui sont couverts par le fort doivent être regardés présentement comme les plus faibles de la place par ceux qui auront connaissance desdites manœuvres d'eau, et comme il ne serait pas impossible que l'ennemi n'en fût aussi informé, il faudra avoir toute l'attention possible à se bien précautionner de ce côté-là, puisque c'est le seul par où la place puisse être vraisemblablement prise présentement. Ainsi, il sera très nécessaire de faire les ouvrages de précaution ci-après, en cas de siége, qui consistent :

1.

De mettre tous les ouvrages du fort ou ouvrage couronné, et du front, 1 et 3, même du front 1 et 15, dans l'état qu'ils doivent être, s'ils n'y sont pas, pour attendre l'ennemi.

2.

Comme il est très dangereux de soutenir l'assaut d'un ouvrage sans avoir une retraite prochaine et assurée, ce défaut étant au fort, il faudra faire à sa gorge un ouvrage en forme de queue d'hirondelle, fraisé et palissadé sur berme avec un bon fossé à talus fort raides, et un chemin couvert bien palissadé. Cet ouvrage, dont les longs côtés seront flanqués par les contre-gardes 1 et 3, servira à couvrir la tête du pont de communication dudit fort, et à recevoir les troupes, qui y soutiendront l'assaut des bastions, en cas qu'elles soient forcées ; mais il sera nécessaire de construire cet ouvrage sur la simple apparence du siége, et avant que l'ennemi ait investi la place, afin de pouvoir faire venir plus commodément de la prairie les gazons nécessaires pour sa construction, et qu'il ne reste pas imparfait, faute de temps pour l'achever.

3.

Faire des galeries majeures de bois de charpente sous les bastions 64, 62 et 60 du fort, qui seront parallèles et à 12 pieds de distance du parapet intérieur desdits bastions.

4.

Construire de semblables galeries sous les remparts des demi-lunes 61 et 63.

5.

Il sera fait aussi des galeries de contre-mines de bois de charpente sous les angles saillants des chemins couverts du bastion 64, de la demi-lune 63, du bastion 62, de la demi-lune 61, et du bastion 60, qui auront leurs entrées dans l'arrondissement des fossés desdits bastions et demi-lunes, observant de les prolonger jusque sous les angles saillants des lunettes 103, 49, 102 et 50 ; ces contre-mines nous donneront le moyen de pousser des rameaux de mines de fond pour faire sauter les logements que les assiégeants auront faits sur les angles desdites lunettes, et ceux de leurs gorges; on pourra ensuite aussi préparer des mines de fond sous les parapets, à droite et à gauche des angles saillants desdits chemins couverts, pour faire sauter les batteries des ennemis ; mais on ne sera pas bien sûr de les pouvoir conserver jusqu'à ce temps-là : car l'assiégeant venant à se rendre maître de notre chemin couvert, ne manquera pas de se jeter dans le fossé qui n'est point revêtu pour chercher les entrées de nos galeries et arracher les saucissons, en cas qu'il y en ait. On pourra cependant espérer de remédier à cela en bouchant lesdites entrées avec des terres, et en remettant le talus de l'arrondissement du fossé dans son état naturel; la mine étant chargée à l'avance, la saucisse destinée pour y mettre le feu, sera posée dans un auget bien goudronné, et en-

veloppé d'une toile cirée pour la préserver contre l'humidité.
L'on enterrera lesdits augets dans une rigole de deux pieds
de profondeur, qui sera faite au pied du talus du fossé, et
prolongée jusqu'à l'angle rentrant de la place d'armes rentrante du chemin couvert, afin que le mineur puisse aller
mettre le feu plus commodément au saucisson lorsqu'il en
sera temps.

6.

Il faudra aussi pratiquer des semblables galeries de
contre-mines sous les angles saillants des avant-chemins couverts, des lunettes 103, 49, 102 et 50, pour
faire jouer quelques fougasses et obliger l'assiégeant de cheminer plus lentement : le terrain et la grande pente des glacis ne permettant pas d'y faire des mines bien profondes;
bien entendu que les plus avancées de toutes ces contre-
mines seront faites les premières.

7.

Le terrain de la contrescarpe des bastions et des demi-
lunes du fort est d'une espèce de terre grasse très ferme et
qui se soutient parfaitement ; il sera bon, si on en a le temps,
d'en recouper les talus et de ne leur en laisser que de fort
raides. Cet escarpement empêchera que les assiégeants ne
puissent descendre dans les fossés qui ont depuis 12 jusqu'à
15 pieds de profondeur, non-seulement en troupe, mais
encore qu'il ne descende quelqu'un pour chercher l'entrée
de nos galeries : cela nous donnera aussi lieu de défendre

avec plus de sûreté les tambours ou retranchements des places d'armes rentrantes du chemin couvert qui auraient pu être attaquées par la gorge sans cette précaution; et, si à l'attaque du chemin couvert, nos gens étaient trop poussés, ils pourraient, en un besoin, pour se retirer plus sûrement, se laisser glisser dans le fossé, le long de l'escarpement de son bord, sans crainte d'être poursuivis, et en cas qu'ils le fussent par quelques-uns des plus hardis, ils seraient en état de tourner tête sur eux et de les écraser. Partie des terres qui proviendront du recoupement de ces talus pourra servir à remplir les paniers et sacs à terre, nécessaires à mettre sur les parapets du chemin couvert, et même des demi-lunes, et le surplus sera répandu et arrangé de niveau dans les fossés, ce qui n'en diminuera pas d'un pied la profondeur.

8.

Faire un réduit de bois de charpente crénelé, palissadé en avant, dans la demi-lune du front de l'attaque dudit fort, d'abord qu'elle sera déclarée, semblable à ceux dont il a été parlé au commencement de ce mémoire.

9.

Il sera fait des tambours de bois de charpente, crénelés et palissadés en avant, aux angles rentrants des places d'armes rentrantes du chemin couvert dont la gorge sera aussi palissadée, le fossé n'étant point revêtu.

10.

On pratiquera tous les abrivents, appentis et petits souterrains, sous les remparts, nécessaires pour se préserver contre les pierres et les bombes, dans tous les ouvrages dépendant du front attaqué, ainsi qu'il a déjà été expliqué à l'occasion des autres attaques.

11.

Il sera fait deux traverses sur les remparts de chacune des faces des demi-lunes 61 et 63, cela fera perdre une partie de leur feu ; mais c'est la seule précaution qui puisse préserver contre le ricochet.

12.

D'abord que l'attaque sera déterminée au fort, planter une seconde ligne de palissade au pied de la banquette des chemins couverts du front attaqué.

13.

Retrancher en même temps la gorge des bastions dudit front, d'un angle rentrant de courtine à l'autre, par un retranchement de 15 à 18 pieds d'épaisseur, par le haut, revêtu de saucisson palissadé sur berme, et dans le fond du fossé, et dont les faces se flanquent réciproquement le plus qu'il se pourra, ledit fossé ayant 3 ou 4 toises de largeur avec des talus fort raides.

14.

Comme il sera incertain, si l'assiégeant, après la prise du fort, s'attachera plutôt au front 1 et 3, qu'au front 1 et 15, il sera très nécessaire de former de bonne heure en gazonnage les tenailles 17 et 19, si le projet qui a été fait pour les revêtir en maçonnerie n'a pas été exécuté ; une partie des terres est déjà en place, et le surplus peut être pris dans les fossés. Ces tenailles couvriront les poternes qui sont sous les courtines de ces deux fronts, faciliteront et couvriront aussi la communication d'une contre-garde à l'autre, et empêcheront que l'ennemi ne mette en brèche lesdites courtines avant que d'avoir pris les contre-gardes du front auquel il se sera attaché, ce qui fait connaître que leur exécution est indispensable.

15.

Faire une lunette palissadée sur berme, sur la capitale du glacis du chemin couvert de la contre-garde 1, où partie des terres nécessaires à la construction sont déjà en place, pour défendre de plus près le passage de l'inondation, 82, et augmenter les difficultés des approches.

16.

Palissader la communication de la lunette 56, et comme elle a une très grande pente depuis le chemin couvert de la place jusqu'à ladite lunette, il sera fort nécessaire de la blinder de distance en distance, de manière qu'on y puisse passer sans être vu du fort : ces blindages seront faits de lits de fascines et de terre, auront dix à douze pieds de largeur, sur quatre à cinq de hauteur, et seront portés par des châssis de bois de charpente de grosseur suffisante, de cinq pieds de largeur sur six de hauteur dans œuvre, sur les chapeaux desquels on posera des palissades ou autres pièces de bois propres pour porter les fascines et terres dudit blindage.

17.

Il sera fait deux traverses de 18 pieds d'épaisseur par le haut, sur le rempart de chacune des faces des contre-gardes 1, 3 et 15, et des demi-lunes 2 et 16, pour se préserver contre le ricochet, observant de faire celles des contre-gardes 1 et 3, et de la demi-lune 2, par préférence aux autres.

18.

Faire des galeries majeures de bois de charpente sous les chemins couverts des contre-gardes 1 et 3, et de la demi-lune 2, et sous ceux de la demi-lune 16, et de la contre-garde 15, lesquelles auront leur entrée par le fond du fossé au travers de la contrescarpe, vis-à-vis le milieu des faces desdites contre-gardes et des demi-lunes, supposé qu'on n'ait pas le temps d'étendre les galeries, depuis les angles saillants dudit chemin couvert jusqu'aux angles rentrants, où ladite entrée serait mieux placée; ces galeries majeures nous donneront lieu de pousser sous les glacis tous les rameaux de mine de fond que nous voudrons, pour faire sauter les batteries que les ennemis établiront sur les parapets du chemin couvert pour battre en brèche lesdites contre-gardes et demi-lunes.

19.

Il sera aussi fait des galeries majeures sous les remparts des contre-gardes 1 et 3, et de la demi-lune 2, même sous ceux de la demi-lune 16, et de la contre-garde 15, lesquelles seront établies à environ un pied au-dessus des retraites des revêtements de ces ouvrages, et à 15 pieds parallèlement à leurs parapets intérieurs.

20.

Il sera fait des ponts de communication sur les petits fossés pour communiquer de la place aux tenailles 21, 19 et 32, par les poternes qui sont sous les courtines, entre les tours 22 et 20, 20 et 18, et 23, et le réduit 13, comme aussi tous les ponts de communication nécessaires pour communiquer desdites tenailles et de celle 17 aux contre-gardes 5, 3, 1 et 15, et deux ponts de rampe à chacune des gorges des demi-lunes 2 et 16, afin de communiquer du fond des fossés tant qu'ils seront à sec, et lorsque, sur la fin, on aura jugé à propos de les remplir d'eau par les écluses 45 ; on pourra communiquer aux demi-lunes avec des bateaux ou par des radeaux.

21.

Il sera fait des tambours ou réduits de bois de charpente crénelés et palissadés, en avant, aux angles rentrants des places d'armes rentrantes des chemins couvert, des fronts 1 et 3, et 1 et 15, observant de faire des puits au milieu de leur terre-plein de 3 pieds de diamètre et d'autant de profondeur, avec pente au terrain depuis le pied de la banquette jusqu'au puits, afin que les grenades puissent rouler et aller crever dedans, sans offenser nos gens.

22.

Faire un réduit de bois de charpente palissadé en avant, avec deux traverses de droite et de gauche, de même dans chacune des demi-lunes 2 et 16, semblable à celui qui a été proposé ci-devant, au commencement de l'attaque du front 7 et 9 de la Porte de France, et en cas qu'on n'eût pas tous les bois nécessaires à pourvoir à ces deux besoins, on pourra en préparer à l'avance ce qu'il en faudra pour un desdits réduits, afin de le mettre en place dans la demi-lune du front qu'on aura reconnu que l'ennemi voudra attaquer après la prise du fort; au défaut de ces réduits, on en pourrait construire de terre revêtu en gazonnage ou en saucissons, palissadés sur berme, avec un fossé de 4 toises de largeur seulement, et des talus fort raides, et un parapet de 15 pieds d'épaisseur par le haut, qui serait formé en partie des terres du dedans dudit réduit, prises en renfoncement, et en partie des terres dudit fossé, dont le surplus serait employé à faire un surtout de 2 pieds de hauteur sur la pointe de la demi-lune et aux deux traverses proposées sur chacune des faces, et à faire quelque petits amas de terre pour répaissir les parapets en dedans, à mesure que les brèches se feront à la demi-lune; l'on observera de donner une grande pente au terre-plein dudit réduit, depuis la pointe jusqu'à la gorge, afin que les grenades que les ennemis pourraient jeter dedans en l'attaquant puissent rouler aisément, et aller crever dans le fossé sans blesser personne ; mais il ne faudra pas démolir le revêtement de ladite gorge vis-à-vis du fossé, plus bas qu'à **7** ou **8** pieds au-dessus de la retraite, pour ne pas donner d'entrée par-là à l'ennemi.

23.

Recouper le bord du fossé du front attaqué, depuis le niveau du chemin couvert jusqu'au sommet des contreforts du revêtement dudit fossé, pour y pratiquer un petit chemin de **3** à **4** pieds de largeur qui servira pour la retraite de ceux qu'on laissera dans les places d'armes des angles saillants, et qui les conduira aux places d'armes rentrantes ou à de petits escaliers de bois qu'on mettra contre le revêtement du fossé, afin que les troupes s'y puissent jeter si elles sont trop poussées, et leur retraite par ce petit chemin sera d'autant plus commode et mieux favorisée que le feu des pièces pourra agir sans les offenser pendant qu'ils la feront, et tuer beaucoup de monde à l'ennemi.

24.

Il sera fait dans son temps, pour servir à la défense du front **1** et **5** ou du front **1** et **15**, de petits souterrains de bois de charpente sous les remparts, des appentis de grosses pièces de bois, et des abrivents partout où besoin sera pour se préserver contre les bombes, les doubles-grenades ou perdreaux et les pierres ; les appentis contre les bombes se feront avec des pièces de bois d'un pied de grosseur, lesquelles se poseront en appentis un peu raides dans le fossé,

contre le revêtement de la contrescarpe, et seront enterrées
par le pied dans une rigole de trois pieds de profondeur,
faite exprès, et tenues ensemble par trois cours de lambourdes
de 4 pouces de largeur et de 2 pouces d'épaisseur, qu'on
entaillera dans lesdites pièces, auxquelles elles seront attachées avec des clous de longueur et grosseur suffisante.

25.

Il faudra planter une seconde ligne de palissades au pied
de la banquette des chemins couverts du front 1 et 3, et même
du front 1 et 15, si l'on jugeait que l'ennemi voulût s'y attacher. Revenons à notre attaque dudit fort.

Lorsque les ennemis prirent cette place, en 1702, ils
formèrent une attaque au fort par le front 64 et 66 ; mais
les grands revers que les ouvrages de la place prenaient sur
leurs tranchées, et quatre pièces de canon que M. de Melacq,
gouverneur, fit avancer le long de la digue du canal, qui les
battirent de revers, obligea les assiégeants de se jeter sur le
front 62 et 64, par où le fort fut pris : ainsi, il n'y a pas
d'apparence qu'ils tentent jamais cette attaque ; les ouvrages
de la place prennent de pareils revers sur le front 59 et 60,
qu'au front 64 et 66, et si la redoute 105, projetée dans
l'inondation 81 était faite, il y aurait encore moins d'apparence que les ennemis voulussent s'attacher au front : nous
avons donc lieu de croire qu'ils pourront plutôt attaquer le
fort par le front 60 et 62 ou par le front 62 et 64 ; mais
comme le terrain est plus favorablement disposé pour l'assiégeant, tant pour l'ouverture de la tranchée que pour les

approches de ce dernier front 62 et 64, nous présupposerons qu'il sera attaqué préférablement aux autres fronts.

L'ennemi pourra donc ouvrir la tranchée par sa droite pour l'attaque du front 62 et 64, en-deçà du village de Gormestein, et par sa gauche vers le village de Neusdorf, et descendra de la hauteur par une pente assez douce jusqu'à sa première parallèle qu'il pourra établir dans les vignes du pied de la hauteur à 250 toises ou environ, des angles saillants des avant-chemins couverts, et il pourra commencer à sa droite et à sa gauche deux bouts de cette première parallèle de 100 ou 120 toises chacun, et même plus étendus par la disposition favorable du terrain, des intervalles d'un sillon de vigne à l'autre.

La deuxième et la troisième nuit, il continuera et perfectionnera sa première parallèle, poussera la tête de sa tranchée en avant, en croisant par de fréquents retours sur le prolongement des capitales des bastions, encore cent toises en avant si l'on veut, et pourra achever la deuxième parallèle vers la fin du sixième jour, en employant bien son temps, et devra être fort content s'il l'établit à 135 ou 140 toises des angles saillants de l'avant-chemin couvert.

Dès que la deuxième parallèle aura été communiquée, l'assiégeant aura apparemment commencé des batteries qui pourront tirer le troisième jour pour démonter les nôtres, mais qui ne feront pas grand mal à nos ouvrages qui sont fort enterrés, à l'exception de la lunette 102, et qui ont une grande supériorité sur la campagne ; les batteries qu'il aurait pu établir plus tôt, et par conséquent plus éloignées, seraient encore moins dangereuses ; pour les bombes, elles commenceront à nous incommoder.

Jusqu'ici, la difficulté de marcher en avant n'aura été que médiocre; mais comme le feu de l'avant-chemin couvert commencera à devenir dangereux, l'assiégeant sera obligé de travailler à la sape, et de cheminer plus lentement jusqu'à sa troisième parallèle ou place d'armes, qu'il établira à 20 ou 25 toises des angles les plus avancés de l'avant-chemin couvert, et qu'on peut compter qu'il n'aura pas faite et parfaite avant le neuvième jour, depuis l'ouverture de la tranchée, quand nous ne ferions qu'un feu médiocre sans aucune sortie, et qu'il ne ferait aucune faute.

Pendant ce temps-là, on pourra lui opposer dans les approches, à-peu-près les mêmes difficultés que celles qui sont proposées à l'attaque du front 3 et 9 de la Porte de France, et qui auront rapport à celle-ci ; savoir : premièrement, en employant la première nuit les fusils à chevalet, bien disposés en avant des chemins couverts des lunettes 102 et 103, et les courses de cavalerie par la droite et par la gauche, s'il y a lieu à cela; mais il faudra avoir bien reconnu les ennemis auparavant, et à moins qu'ils ne fussent avancés dans la plaine, en-deçà des vignes, d'où il y a apparence qu'ils ne sortiront pas, cette course serait inutile et dangereuse, et, en ce cas, il faudra se contenter de faire feu, pendant toute la nuit, des fusils à chevalet soutenus par les grenadiers, et la garde cavalerie du côté où l'on entendra travailler; deuxièmement, la deuxième et troisième nuit, jusqu'à ce que les tranchées soient à portée de notre mousqueterie, faire feu des fusils à chevalet, qu'on aura disposés dans les angles saillants des avant-chemins couverts, et les employer aussi pendant le jour ainsi que le canon, partout où l'on verra travailler ou paraître quelqu'un, et non autrement; troisièmement, faire des fréquentes sorties bien disposées pendant la nuit, et jamais de jour, à moins que l'assiégeant ne nous donne lieu à cela par ses fautes ou par les tranchées mal soutenues, le tout ainsi qu'il a déjà été dit ; quatrièmement, d'abord que les tranchées seront à portée, faire un grand feu de mousqueterie des avant-chemins couverts dirigé et entre-tenu pendant toute la nuit de la manière dont nous l'avons déjà expliqué, et se contenter, pendant le jour, de faire feu de chacun des angles saillants par huit ou dix mousquetaires seulement, et quelques fusils à chevalet ou arquebuses à croc, et par un feu de canon bien ménagé qui croisera sur la tête des sapes où l'on verra travailler, et non autrement, car il ne servirait de rien de brûler sa poudre inutilement ; cinquièmement, d'abord que le canon de l'ennemi sera prêt de tirer, il faudra retirer celui que nous avons sur nos ouvrages opposés à ses batteries, et lui en préparer de nouvelles prêtes à déboucher, qui auront des vues biaises sur les siennes et sur la tête de ses ouvrages, où elles devront tirer dès qu'elles seront en état. On pourra même se servir très utilement de quelques pièces de petit canon en les mettant en batterie les quatre premières nuits de tranchée sur des plates-formes volantes posées sur des tréteaux, dans les angles saillants de l'avant-chemin couvert du fort ; sixième-ment, comme le terrain de la campagne depuis le pied de la hauteur est fort soumis aux ouvrages, avoir grand soin de faire baisser beaucoup les coups, afin qu'ils ne portent pas trop haut, et que le feu soit plus meurtrier ; septièmement, d'abord que l'assiégeant sera à portée, il ne faudra pas man-quer de lui jeter une grande quantité de pierres, et d'en tirer par préférence à ces batteries de pierres pour les faire taire,

s'il est possible. Si on n'y réussit pas, du moins n'en jetera-
t-il pas tant, ce qui sera toujours avantageux pour les nôtres,
et il pourrait fort bien arriver que s'il avait remarqué, par
notre silence, lorsqu'il discontinue, que nous n'en tirons que
parce qu'il en tire, qu'il ferait une trêve tacite qui nous épar-
gnerait bien du monde ; huitièmement, pour ce qui est des
bombes, à moins que d'en avoir une très grande quantité,
je serais d'avis de réserver celles que nous aurons pour tirer
aux batteries des ennemis qui nous battront en brèche, tant
au fort qu'aux ouvrages du corps de la place, et nullement
à celles qui tireront à nos défenses ; quoique nous ayons
proposé le contraire aux attaques du côté de la Porte de
France, où nous n'aurons rien à ménager, nous trouverons
assez moyen de les employer toutes sans les prodiguer ; neu-
vièmement, comme les bombes et même le canon des ennemis causeront journellement bien du désordre à la palissade
des chemins couverts et des traverses, qu'il faudra réparer à
mesure, avoir pour cet effet des palissades de réserve, des
ouvriers, brouettes, outils, broches de fer, sacs à terre et
autres choses nécessaires non-seulement dans les chemins
couverts, mais dans tous les ouvrages attaqués où l'on pré-
voira qu'il y aura quelque chose à réparer. On mettra toutes
ces choses avec des ouvriers, le tout à portée, pour ne pas
attendre un moment après ; dixièmement, avoir grand soin
d'éclairer pendant toutes les nuits le travail de l'ennemi par
des balles ardentes, lorsqu'il sera encore éloigné, et par des
tourteaux, fascines goudronnées et autres feux d'artifice
qu'on jetera ou qu'on roulera sur des petites charrettes faites
exprès, à la queue des glacis, rien n'étant plus propre pour
retarder l'avancement du travail, et à rendre l'effet de notre

feu plus certain et plus meurtrier ; onzièmement, comme le feu du chemin couvert doit être fort vif dans le temps que ies tranchées en seront à portée, tenir la main à ce qu'il ne manque point de poudre, balles, pierres à fusil et mèches, non plus que d'armes de rechange, mesures de bois ou de fer-blanc, et surtout prendre garde que les soldats ne chargent pas à poignée et sans mesure, parce que cette manière de charger fait crever les armes et une dissipation horrible de poudre ; il faudra aussi avoir fait provison de grenades et renfermer le tout à l'écart dans de petits magasins faits exprès, avec les précautions ordinaires contre le feu, ainsi qu'il a déjà été dit ; douzièmement, il est à présumer que, dès que l'attaque aura été déclarée, nous nous serons précautionnés le plus que nous aurons pu contre les bombes, les doubles-grenades, et les pierres, par les petits souterrains, sous les remparts, même sous les chemins couverts du fort, les contrescarpes n'étant pas revêtues, et par les abrivents et appentis, et même les hottes ou bonnets d'osier ; ces précautions prises, il ne faudra guère opposer de monde vis-à-vis des attaques pendant le jour quand l'ennemi tirera des bombes, des pierres et des grenades, mais tenir la plus grande partie de la garde dans des lieux couverts au plus près des attaques, comme dans les fossés qui sont secs, et ne tenir dans le chemin couvert que de petits détachements souvent relevés. Toutes ces précautions étant prises bien à propos sauveront beaucoup de monde, qui sera bien mieux employé à défendre les ouvrages de vive force qu'à les laisser assommer sans aucun fruit pour la défense de la place ; pour la nuit, qu'on ne pourra pas faire la même chose, il sera nécessaire de tenir toutes les gardes à leurs postes et de faire un feu continuel, en se relevant par tiers ; treizièmement, dès que l'ennemi aura ouvert la tranchée, nous aurons dû travailler, si on ne l'avait déjà fait, à tous les fourneaux proposés qui se peuvent faire sous les angles saillants de l'avant-chemin couvert.

Aussitôt que l'assiégeant aura achevé la troisième parallèle, il se préparera pour attaquer bientôt après l'avant chemin couvert ; mais s'il est informé, ou qu'il ait quelques soupçons que nous ayons des mines sous les glacis des angles saillants, cela pourra retarder cette attaque, et l'engager peut-être à les chercher, quoique la chose ne soit pas fort nécessaire, car en attaquant les angles saillants dudit avant-chemin couvert, il pourra, après notre retraite, se jeter dans les places d'armes et descendre à l'entrée de nos mines qui sera dans l'arrondissement du fossé des lunettes, et en arracher les saucissons pour les rendre inutiles, à moins que nous ne les eussions fait jouer avant de nous retirer : à quoi il ne faudra pas manquer ; quoi qu'il en soit, nous devons nous préparer à le recevoir ; et bien que nous ne soyons par d'avis de soutenir de pied ferme l'attaque de l'avant-chemin couvert, par les raisons que nous déduirons ci-après, je crois cependant que c'est ici le lieu où il convient de développer un peu au long le sentiment de M. le maréchal de Vauban, qu'il nous a laissé par écrit, sur l'attaque et défense des chemins couverts dont nous pourrons faire une application plus particulière au chemin couvert du fort et à celui du corps de la place ; ce sentiment n'a pas été suivi au pied de la lettre, mais en partie seulement au siége de Lille où on a tenu fort bien pied ferme en certains endroits.

Il y a trois manières d'attaquer les chemins couverts : la première par mines en faisant par des fourneaux de grandes ouvertures aux parapets et aux palissades; la seconde par plongée, ou de canon, ou de mousquet qui enfilant dans vos chemins couverts, vous oblige de les quitter n'y pouvant plus tenir; la plongée du canon se fait en battant à ricochet, ce qui brise en moins de rien toutes les palissades : à raison de quoi, M. le maréchal de Vauban rejette tout-à-fait la double qu'il tient inutile, et même pernicieuse, lorsque l'assiégeant se sert de ricochet à propos. La plongée du fusil se fait au moyen de certains cavaliers faits avec des gabions rangés les uns sur les autres, au pied du glacis en retour sur les angles saillants et sur lesquels on fait monter des grenadiers qui plongent dans les places d'armes des angles saillants, et sur les longs côtés du chemin couvert dès qu'on s'éloigne tant soit peu de la traverse, font abandonner les chemins couverts; après quoi, l'assiégeant étend ses sapes sur le haut du parapet sans beaucoup de difficultés; mais il est à remarquer que, pour pouvoir se servir de ces cavaliers de tranchée, il faut deux choses: l'une, que le glacis ne soit pas trop raide, parce qu'il faudrait trop s'élever pour qu'ils découvrissent dans le chemin couvert; l'autre, que l'assiégeant ait fait taire entièrement le canon de la place qui peut avoir des vues sur les cavaliers, parce qu'ils seraient bientôt renversés.

La troisième manière d'attaquer consiste en une insulte générale, c'est celle à laquelle on doit s'attendre d'abord, et dont les ennemis essaieront, suivant toutes les apparences avant que d'en venir à la mine, car, comme ils ne ménagent pas la poudre et les hommes, comme nous, leur méthode est de se servir de la force avant l'industrie, et ils n'ont recours à celle-ci que quand ils n'ont pas réussi par la première. M. le maréchal de Vauban prétend encore que si cette manière

d'attaque est précédée par l'usage du ricochet, la seconde palissade est inutile parce qu'elle sera bientôt ruinée aussi bien
que la première, et elle ne lui paraît utile que contre une
insulte générale du chemin couvert, mal entendue et faite à
l'étourdie, et qui n'aura pas été précédée de l'effet du ricochet. Or, comme les ennemis n'ont point jusqu'à présent connu cette manière de se servir du canon, ni mis en usage les
cavaliers des tranchées qui, d'ailleurs, sont impraticables à
notre attaque, par la raideur de tous nos glacis, nous ne
devons pas douter qu'ils n'attaquent les chemins couverts
par une insulte générale, et voici en ce cas de quelle manière
M. de Vauban veut qu'on la défende : il suppose un chemin
couvert bien fait et tel que sont les nôtres, et par conséquent
bien traversé à propos, miné et palissadé de même avec un
glacis très soumis au feu des ouvrages supérieurs; mais le
sommet labouré et un peu en désordre par l'effet des bombes
et du canon de la tranchée si fort avancée, qu'elle soit à portée d'entreprendre la place d'arme qui doit précéder l'attaque,
si les tranchées sont liées et non désunies par aucun endroit,
qu'elles pressent également le chemin couvert à 15, 18, 20
et 25 toises près de la palissade, qu'elles embrassent tout le
front attaqué, et qu'enfin il y paraisse une disposition à l'insulte; en ce cas il n'est nullement d'avis de l'attendre ni de
la soutenir de pied ferme, puisqu'il est sûr, selon lui, qu'on y
sera emporté surtout si le ricochet s'en est mêlé; il vaut donc
mieux, à ce qu'il croit, prendre le parti de céder, mais en
gens de guerre qui savent leur métier, que de hasarder à
perdre une partie considérable de la garnison dans une action où l'on est sûr d'être battu; ainsi, au lieu de remplir le
chemin couvert de troupes, et de se préparer à repousser la

force par la force, il veut que de bonne heure on affaiblisse peu à peu les gardes, en laissant, par exemple, le premier jour, c'est-à-dire quand la tranchée arrive à la distance de la troisième parallèle ou place d'armes, qu'elle commence à se former et à contourner la tête des attaques, en laissant, dis-je, un capitaine et cinquante hommes dans chacun des grands angles saillants ; un lieutenant et trente hommes derrière chacune des traverses, et un lieutenant-colonel et quatre capitaines, et deux cents hommes dans chacune des places d'armes des angles rentrants : tout cela soutenu d'un bivouac presque aussi fort, sera capable de faire un assez grand feu. Si la place d'armes des attaques commence à se former en plusieurs lieux qui ne seront encore que faufilés et non joints, on pourra continuer le jour suivant avec le même nombre d'hommes ; que si cette place d'armes est encore imparfaite, chose qui se connaîtra au remuement et à la masse des terres de son parapet, on pourra encore y soutenir avec autant de monde ; mais si la place d'armes paraît jointe et achevée, ce qui se verra quand on ne jetera plus de terre, que son parapet sera gros et massif, et que des lieux élevés de la place on voit faire des mouvements extraordinaires par les derrières, par des troupes, transport de fascines et de matériaux, pour lors il n'y aura plus lieu de douter que l'ennemi ne se prépare à une insulte, car s'il n'avance rien entre les places d'armes et le chemin couvert, qu'il ne contourne point les angles saillants de plus près, c'est signe qu'il le voudra prendre d'insulte. Quand on s'apercevra de toutes ces dispositions, M. le maréchal de Vauban prétend qu'on ne laisse que vingt hommes dans chacun des angles saillants avec un lieutenant et un sergent, dix hommes avec un sergent derrière chacune des traverses, et cent hommes commandés par deux capitaines dans chacune des places d'armes des angles rentrants avec ordre aux détachements des angles saillants de faire bonne contenance jusqu'à ce qu'ils voient l'ennemi hausser les fascines et passer par dessus le parapet de la place d'armes; pour lors lui faire sa décharge le plus près qu'ils pourront, et gagner après le derrière de la traverse la plus prochaine et là tourner tête, sinon, et au cas que l'ennemi tombe partout en grosses troupes, gagner un petit chemin pratiqué en recoupement le long du bord des fossés, et se retirer derrière les places d'armes des angles rentrants, où il faudra faire ferme, sinon, et au cas qu'on fût trop poussé, se retirer dans les tambours ou retranchements desdites places d'armes qu'on devra bien garder, et dans les demi-lunes prochaines ou derrière la tenaille, où il y en aura, le fossé étant sec; or, la retraite, par ce petit chemin, ne portera aucun empêchement au feu des remparts, donnera lieu aux nôtres de se retirer avec bien moins de confusion et de péril que s'il fallait longer tout le chemin couvert, parce que, disparaissant tout d'un coup, l'ennemi, qui sera contenu par le grand feu du rempart, les perdra bientôt de vue ou ne les verra que fort imparfaitement. Au défaut de ce petit chemin qui n'aura lieu ici qu'au corps de la place, nos troupes, pour se retirer, pourront descendre dans les fossés du fort qui sont secs et non revêtus, ce qui donnera encore mieux jour au feu des remparts. Dans ce temps-là la garnison doit être sous les armes; la demi-lune de l'attaque garnie de 3 à 400 hommes, chacun des bastions d'autant, et les demi-lunes collatérales d'environ 200 hommes chacune, c'est-à-dire de tout ce que l'on pourra. Il peut fort bien arriver que l'ennemi tombant avec un fort grand corps sur toute l'étendue du chemin couvert, l'emporterait et chasserait tout ce qui se trouverait, aussi bien des places d'armes rentrantes que des autres endroits, ce qui l'en rendrait absolument le maître; mais comme il est à présumer que le gouverneur ou celui qui commanderait en sa place aura bien disposé son affaire pour le soutien de cette action, et instruit tous les principaux officiers de ce qu'ils auront à faire pour bien diriger le feu; sitôt qu'il verra sortir les ennemis de leur place d'armes et occuper le haut du parapet de son chemin couvert, les siens chassés et poursuivis, il faudra donner le signal pour faire feu de toutes parts sur les parties abandonnées, non-seulement de la mousqueterie, mais aussi du canon, de pierres, de bombes et de tout ce qui se pourra imaginer. Si l'ennemi attaque vigoureusement et qu'il s'obstine à soutenir ce qu'il aura occupé, il pourra s'établir tant bien que mal sur les angles les plus avancés du chemin couvert; que s'il peut l'embraser tout entier et s'y maintenir, cela abrègera les affaires de quelques jours, mais si le feu des demi-lunes et du rempart est bien servi, il leur en coûtera cher : c'est pourquoi si, après que l'ennemi aura essuyé le feu des remparts deux heures durant, on voit lieu à pouvoir faire une grosse sortie, on pourra revenir par la droite et la gauche des attaques, le long des glacis, tandis que les gardes qui auront été chassées du chemin couvert le pourront attaquer et revenir à leurs postes par le dedans. Ces coups sont beaux mais fort hasardeux : c'est pourquoi il sera bon de tenir ces détachements prêts et forts ; mais il ne faudra pas entreprendre la sortie sans avoir bien examiné l'état ou l'ennemi peut être ; au surplus, au moment qu'on se préparera à l'abandon du chemin couvert,

il faudra en retirer tous les outils et petits magasins, et les
mettre en lieu de sûreté, où on les puisse reprendre, après
l'action passée ; prendre encore garde à bien ménager le feu
du rempart, de manière qu'il puisse être continué un fort
long temps, que si par la sortie, on parvient à chasser l'ennemi et à lui faire quitter prise, en reprenant les postes dont
on aura été chassé, il faudra raser et démolir ce qu'il aura
fait, et les garder de nouveau, supposé qu'il ne soit pas tellement difficile, et la retraite des ennemis si peu éloignée
qu'on ne puisse tenir à la démolition de leurs ouvrages, ni
à refigurer ce qu'ils auront défait des nôtres ; quoi qu'il en
soit, il faudra toujours tâcher de les reprendre et garder les
tambours ou retranchements ou places d'armes rentrantes
tant qu'on pourra, parce que cela retardera les ennemis
d'autant et pourra donner lieu à quelque retour.

Si l'ennemi, après avoir établi sa troisième parallèle ou
place d'armes, au lieu d'attaquer le chemin couvert par une
insulte générale, avance des bouts de tranchées, le long des
capitales, pour s'approcher de la palissade jusqu'à mi-glacis,
et que de là il s'étende à droite et à gauche pour contourner les angles saillants, on pourra prendre cette manœuvre pour un signe certain qu'il veut nous chasser par le
moyen des cavaliers, qu'il a dessein de faire pour enfiler et
plonger le chemin couvert ; quand ils commenceront à paraître, on pourra leur opposer : premièrement, des batteries
biaises préparées à l'avance sur la courtine, dont il ne faudra
ouvrir les embrasures que la nuit même qu'il élèvera les cavaliers, et pas plus tôt pour être en état de les battre dès le
matin ; ces batteries verront les cavaliers opposés à la pointe
des bastions ; secondement, d'autres batteries sur les faces

des bastions pour battre les cavaliers opposés à la pointe de
la demi-lune : comme ces cavaliers ne seront faits qu'avec
de petits gabions de tranchée posés l'un sur l'autre, et garnis
de sacs à terre et fascines à la hâte, il sera aisé de les rendre inutiles en fort peu de temps la première fois ; mais,
comme les batteries ennemies ne manqueront pas d'attaquer
les nôtres, et qu'ils travailleront de toutes leurs forces à rétablir et fortifier plus solidement leurs cavaliers, on n'y ga-
gnera au plus qu'une ou deux journées de retardement.
Après cela, il ne restera plus qu'un moyen aux assiégés pour
retarder la perte des angles saillants, qui sera de faire sauter
les cavaliers dans le temps que les ennemis les occuperont,
et ce moyen ne peut avoir lieu que par l'effet des mines de
fond et par les rameaux poussés à l'avance sous la place que
doivent occuper les cavaliers : on peut compter que le jour
d'après, ou le suivant, ils seront en état de plonger dans
nos angles saillants, et de vous en chasser peut-être avant
qu'il soit grand jour, moyennant quoi les assiégés seront
obligés de déguerpir et de se réfugier derrière les traverses,
pourvu qu'on ne les pousse pas plus loin.

C'est le dernier remède qu'on y puisse apporter ; car dès
que l'ennemi commencera à tirer des cavaliers, la garde sera
obligée de se retirer et de laisser au plus quatre ou cinq
hommes des plus assurés à l'extrémité des angles saillants,
bien couverts des paniers et sacs à terre et munis de leurs
besoins pour y imposer encore quelque respect et y tenir une
journée, serrant l'angle de fort près ; là, ils feront feu du
mieux qu'ils pourront sur ce qui paraîtra s'approcher d'eux,
et y jeteront des grenades de temps en temps et des feux
d'artifice, jusqu'à ce qu'ils soient contraints d'abandonner

et de gagner les traverses prochaines. Sitôt que l'ennemi vous aura chassé de ces grands angles, il ne manquera pas de s'y loger : c'est de quoi on ne le pourra empêcher , car de penser à l'en chasser par le moyen de quelque sortie, la grande place d'armes et les autres avantages qu'il aura pris pour soutenir ses logements avancés seront trop proches, et les gens commandés de la sortie y seraient passés par les armes et ne pourraient rien faire.

L'ennemi étant donc établi sur les grands angles, il ne manquera pas de s'étendre à droite et à gauche pour s'approcher des traverses, ce qu'il ne fera qu'à la demi-sape et pied à pied. S'il suit la palissade de trop près et qu'il ne laisse pas une épaisseur convenable du côté de la place, il le faudra canonner des batteries biaisées et lui tirer des bombes et beaucoup de pierres, prenant toutefois garde que leur chute n'aille pas jusqu'à tomber sur le derrière des traverses; que si son logement est encore imparfait, et qu'il n'ait pas assez de plongée dans l'angle saillant, y faire glisser des grenadiers de temps en temps qui, en serrant le parapet de près, pourraient s'approcher des angles saillants et y jeter quelques douzaines de grenades pour le troubler et le retarder, puis s'en revenir.

Il faudra aussi lui avoir préparé des fougasses ou petites mines, 1 toise ou 2 en avant des redans qui contournent les passages des traverses, et prendre son temps pour y mettre le feu quand l'ennemi sera dessus; il y a bien de l'apparence que le soutien ferme des traverses l'obligera à les attaquer par insulte découverte quand il s'en sera mis assez près, à quoi il faudra bien qu'il en vienne si ceux qui les garderont tiennent ferme et ne les abandonnent pas mal à propos. Dès que l'ennemi se sera bien établi auprès de ces premières traverses, il répétera la même manœuvre pour gagner les secondes s'il y en a, et l'assiégé les mêmes défenses, après quoi il fera ses apprêts pour attaquer les places d'armes des angles rentrants. Comme celles-ci seront bien plus protégées que les traverses et capables d'un plus grand monde, l'ennemi doit y trouver plus de résistance : c'est pourquoi, outre leur feu particulier mêlé de grenades et de tout ce qui peut offenser, le feu des bastions et demi-lunes leur sera d'un grand secours; on y pourra aussi ajouter celui des mines s'il y en a, et enfin le soutien de pied ferme et le retranchement ou tambour qu'on aura fait dans lesdites places d'armes.

Si l'ennemi, après les avoir approchées d'assez près, se met en état de les insulter, il n'y faudra pas manquer de monde, de grenades ni d'autres munitions, parce que l'affaire sera de durée, si on les soutient comme il faut, et très dommageable à l'ennemi qui ne saurait manquer d'y perdre beaucoup de monde; et après qu'il se sera rendu maître de leurs angles saillants, et que de notre part on aura fait plusieurs tentatives pour les reprendre, inquiéter et retarder l'ennemi, on pourra se retirer dans les retranchements des gorges, et quand on y aura fait tout ce qui sera en notre pouvoir en gros et en détail, dans la demi-lune, par les fossés qui sont secs; mais il pourra bien arriver avant que nous en soyons réduits là, que l'ennemi sera obligé de les faire sauter par mines, comme il fit au siége que soutint **M.** de Laubanie en **1704**, n'ayant jamais pu nous obliger de les abandonner autrement; ce qui le retarderait considérablement.

Si l'ennemi attaque le chemin couvert par mines, il en approchera le plus près qu'il pourra, après quoi il avancera plusieurs rameaux et galeries vers ledit chemin couvert à dessein d'en renverser le parapet et la palissade, rompre et enfoncer nos galeries, même les bords du fossé, et de s'établir sur l'effet de ses mines; mais si vous l'avez prévenu par d'autres mines plus basses et plus enfoncées que les siennes, ou que vous ayez fait de longue main une galerie majeure sous le chemin couvert, d'où l'on puisse pousser des rameaux en avant sous le terrain où il doit passer, il est certain qu'il n'y réussira pas si on sait prendre le temps à propos pour y donner le feu, qu'il n'y avancera rien, et qu'on lui étouffera la plupart de ses mineurs sans qu'il puisse l'éviter, car en fait de mines, celui qui est le premier posté, et qui peut prendre le dessous, est toujours le maître; que si l'ennemi n'emploie que les mines à l'attaque du chemin couvert, et que les assiégés y soient bien préparés, il y a beaucoup d'apparence qu'il ne le prendra pas.

La quatrième manière d'attaquer les chemins couverts est composée de trois précédentes; car si on y fait plusieurs insultes en détail, tantôt sur une partie et tantôt sur l'autre, si on y emploie les cavaliers quand on le pourra et où on le pourra, et si on approche tellement les tranchées à la sape, qu'à force de les hausser on parvienne enfin jusqu'à voir dans les chemins couverts; pour assurer des logements si prochains, on emploie le fusil et la grenade comme aussi les mines basses et superficielles, et en un mot tout ce qu'on peut; à quoi les assiégés comme les premiers postés doivent être en état d'opposer tout ce qui a été dit ci-devant, les mines et fougasses, et surtout une fermeté opiniâtre qui ne permet pas de lâcher prise qu'ils n'y soient contraints de vive force;

tant qu'ils pourront trouver moyen de demeurer à couvert dans quelque partie de leurs défenses, il faut s'y tenir jusqu'à ce que force-majeure les en chasse ; quand les mines sont prévenues, elles sont fort avantageuses, mais quand elles ne le sont pas, il faut faire ce que l'on peut.

Quelquefois l'ennemi se trouve si mal arrangé dans le commencement de ses logements que cela peut vous induire à faire quelque sortie : quand ce mauvais arrangement vous paraîtra évident, on pourra l'entreprendre en prenant bien ses mesures, et avertisssant tous les postes des ouvrages voisins, qui ont vue sur les endroits où vous voulez agir, d'y prendre garde, de peur que le feu n'offense les gens commandés de la sortie, et qu'il se puisse disposer à propos pour le pouvoir bien appuyer. Voilà à-peu-près toutes les manières de défendre le chemin couvert, que M. le maréchal de Vauban nous a laissées dans ses écrits : à la défense du chemin couvert de Lille, on en a usé autrement.

On a planté une double palissade au pied de la banquette, et on a retranché les places d'armes des angles rentrants, et l'on a rempli de monde lesdites places d'armes et celles des angles saillants, tant entre les deux palissades que derrière ; mais on n'a laissé personne dans les longs côtés du chemin couvert entre les deux places d'armes, afin de laisser agir le feu des ouvrages, lequel partant carrément aurait tué ceux qui seraient restés dans ces parties, et il ne fit aucun tort aux places d'armes des angles saillants à cause de l'obliquité qu'il aurait fallu donner exprès au tir de la mousqueterie : cette manière réussit fort bien, et les ennemis n'emportèrent point le chemin couvert ; mais cela n'empêcha pas qu'ils se logeassent sur les angles saillants du chemin couvert des tenaillons et des deux ouvrages à corne voisins ; mais ce ne fut qu'après avoir été repoussés par trois fois avec une très grande perte de leur part et une assez médiocre de la nôtre, pour une aussi grande action et aussi bien soutenue.

Cette disposition qui ne passa pas au conseil de guerre sans être bien contestée et sans qu'on eût bien réfléchi et délibéré sur l'instruction de M. le maréchal de Vauban qui y fut exposée, et qui devait être suivie au pied de la lettre, si les ennemis savaient conduire leurs attaques comme il conduisait les siennes, cette disposition, dis-je, m'a engagé à proposer une seconde ligne de palissades au pied de la banquette des chemins couverts, pour se conformer, si on le trouve à propos, à la manœuvre qu'on a faite à Lille, et, en cas que l'ennemi, qui n'a point encore bien connu le mérite du ricochet ou du moins la manière de s'en servir, ne l'ait pas mis en usage, ce qui lui serait même assez difficile quand il le voudrait, parce que les lunettes du fort couvrent presque tous les alignements des parapets de son chemin couvert qu'il faut pouvoir bien découvrir des batteries, pour que le canon puisse tirer à ricochet avec succès.

En suivant la disposition de Lille, l'ennemi sera obligé de recommencer une ou plusieurs fois ses attaques, ou d'en revenir à une attaque par mine lorsqu'il aura été repoussé une première fois, ce qui multipliera considérablement ses pertes et lui fera perdre bien du temps, ce qui est tout ce que l'assiégé peut souhaiter de plus heureux. Les troupes, en ce cas, qui seraient employées à la défense des places d'armes saillantes, auraient, si elles étaient forcées, leur retraite par les fossés qui sont près, et ne courraient point risque d'être coupées pour les longs côtés du chemin couvert, non-seulement parce que le feu des bastions et de la demi-lune tiendrait vis-à-vis les ennemis en respect, mais encore parce que la seconde palissade les empêcherait de se jeter dans le chemin couvert, ou tout au moins donnerait aux nôtres tout le temps dont ils auraient besoin pour se retirer. Si cette disposition souffrait contradiction par la situation où l'on se trouverait pour lors, on serait toujours à temps de suivre de point en point le sentiment de M. le maréchal de Vauban.

Quoiqu'il ne doive être question de l'attaque du chemin couvert du fort qu'après la prise des lunettes, m'étant trouvé engagé à en faire la dissertation à l'occasion de l'avant-chemin couvert, j'ai cru la devoir pousser jusqu'au bout pour y renvoyer par la suite. Revenons à l'attaque de l'avant-chemin couvert.

L'assiégeant ne pourra s'en rendre maître par le moyen des cavaliers de tranchée, les glacis étant trop raides pour cela; il n'y a pas d'apparence non plus qu'il veuille les prendre par mines : il y emploierait trop de temps, et d'ailleurs, n'ayant pas de galeries de contre-mines sous les glacis qui puissent l'inquiéter beaucoup, il ne s'amusera vraisemblablement pas à les chercher; celles que nous y aurons pratiquées à l'occasion du siége ne pourront avoir leur entrée que par le fond du fossé des lunettes où l'ennemi pourra se porter après avoir pris les angles saillants pour en arracher les saucissons s'il n'avait pas été prévenu. Il y a donc apparence qu'il emploiera l'insulte pour se rendre maître dudit avant-chemin couvert. D'abord que nous aurons reconnu son dessein, il faudra suivre l'instruction de M. le maréchal dé Vauban, ci-devant déduite, qui veut que l'on cède en affaiblissant peu à peu les gardes, et aussitôt que celles des places d'armes saillantes auront fait, avant de se retirer, leur décharge sur les ennemis qu'ils auront vu déboucher, et que ceux-ci seront prêts à joindre la palissade en grosse troupes, il faudra mettre le feu aux fourneaux dont ils pourraient gagner l'entrée pour en arracher les saucissons, afin qu'ils ne nous deviennent pas infructueux.

Les gardes des places d'armes saillantes qui se seront retirées derrière les premières traverses y tiendront ferme pour inquiéter le logement de l'ennemi, à moins qu'il ne se porte sur eux, auquel cas ils gagneront les secondes et même, si elles étaient trop poussées, les places d'armes rentrantes où il faudra tenir ferme, car il n'y a pas d'apparence que l'ennemi s'expose à les poursuivre jusques-là, d'où on fera un grand feu de mousqueterie sur les logements, ainsi que des lunettes, auquel on joindra les bombes, le canon et force pierres qui partiront des lunettes où nous aurons préparé des batteries de pierriers, sans oublier les feux à éclairer si l'action se passe de nuit; et lorsque l'assiégeant aura déterminé ses logements sur les angles saillants et qu'il aura essuyé notre feu deux heures durant, s'il y a lieu à quelque retour par la droite et par la gauche, tenir des détachements tous prêts pour cela, mais ne rien entreprendre qu'on n'ait bien reconnu la situation des ennemis et qu'on ne voie jour à réussir sans ou du moins avec peu de risque : le tout ainsi qu'il a été expliqué ci-devant. Lorsque l'ennemi étendra ses logements le long de la palissade, et qu'il se sera approché à une certaine distance de nos places d'armes rentrantes, nous pourrons bien être obligés de les abandonner de nous-mêmes, faute d'y pouvoir communiquer à couvert; il sera cependant nécessaire de les garder le plus longtemps qu'on pourra,

en y communiquant pendant la nuit; qu'il en faudra renforcer la garde, mais qu'on tiendra faible pendant le jour,
jusqu'à ce qu'on soit contraint de les abandonner.

Lorsque l'assiégeant aura étendu les logements jusque
vis-à-vis des épaules des lunettes 103, 49 et 102, il sera à
portée de les attaquer ; ce qu'il pourra exécuter tout à la fois
en deux manières : la première, par mine comme nous
fîmes au dernier siége, en se logeant sur le haut des
entonnoirs; et la seconde de vive force. S'il se sert de
la mine, il lui faudra plus de temps pour s'en rendre maître,
mais il marchera plus sûrement et avec moins de perte ; s'il
attaque de vive force, il pourra lui en coûter plus de
monde, mais il abrègera la besogne de quelques jours.

Si l'ennemi achève d'embrasser tout l'avant-chemin couvert en contournant les places d'armes rentrantes, et qu'on
ne remarque aucun mouvement extraordinaire dans les tranchées ni sur les derrières pendant les deux ou trois premiers
jours de son établissement sur l'avant-chemin couvert, et quand
il ne l'aurait pas même étendu jusqu'aux places d'armes rentrantes, ce sera une marque qu'il veut employer la mine pour
faire sauter les angles des lunettes, et que les mineurs tra-
vaillent déjà à leurs galeries pour passer sous leurs fossés.
En ce cas, si nous avons fait les galeries de contre-mines
proposées sous les capitales des angles saillants du chemin
couvert, et qui doivent aboutir sous les angles desdites lunettes, nous serons en état de pousser des rameaux de droite et
de gauche pour prévenir les mineurs ennemis et les étouffer
souvent dans leurs galeries par des camouflets ; mais quand
ils auront trouvé le moyen de faire sauter lesdits angles par
l'effet des mines qui servira apparemment de signal à ceux

qui seront commandés pour l'assaut, il faudra que la garde qu'on aura dû affaiblir à l'avance et qui devra se tenir sur ses gardes et éloignée de l'angle, se retire, par la communication, dans le chemin couvert, car il ne servirait de rien de vouloir défendre ces lunettes de pied ferme : on serait sûr d'être emporté et de perdre inutilement beaucoup de monde qui sera mieux employé à les reprendre. Aussitôt que les gardes auront fait leur retraite, il faudra donner le signal pour faire sur les logements de l'ennemi un grand feu de mousqueterie partant du chemin couvert ainsi que du canon que nous aurons préparé à l'avance sur les bastions, la courtine et la demi-lune du front attaqué, mais dont on ne démasquera les embrasures que dans le temps qu'on en aura besoin, à quoi l'on joindra les bombes et les pierres, sans oublier les feux à élever si l'affaire se passe de nuit : tous ces feux bien disposés causeront beaucoup de perte à l'assiégeant, et lorsqu'il les aura essuyés pendant deux heures, les logements étant encore imparfaits, on pourra, comme fit M. de Laubanie, faire reprendre ces lunettes chacune par quatre compagnies de grenadiers soutenues par des piquets, et après s'en être rendu maître, se rajuster dedans le mieux qu'on pourra et raser autant qu'il sera en notre pouvoir, ce que les ennemis auront fait.

Cette action terminera vraisemblablement l'assaut de ce jour-là ; mais comme l'assiégeant ne manquera pas le lendemain de revenir à la charge, sans doute encore mieux précautionné que la veille, il conviendra d'affaiblir de nouveau la garde, et de ne laisser que 25 ou 30 hommes dans chacune desdites lunettes, qui auront ordre de faire bonne contenance, de se tenir fort alerte, mais de se retirer après avoir fait leur décharge sur les ennemis. Lorsqu'ils les verront déboucher pour revenir à l'assaut, ils pourront bien cette fois envelopper les lunettes par la gorge, et s'y loger aussi bien que sur les angles, ce qui rendrait leur établissement plus sûr ; de notre côté, nous leur opposerons les mêmes feux que la veille, et si, au moyen de la galerie de contre-mine proposée, nous leur avons préparé quelques fourneaux sous lesdits logements de gorge, leur effet ne manquera pas de causer beaucoup de perte et de trouble aux ennemis, et pendant ce temps-là nous pourrons trouver jour au nouveau retour, dont il ne faudra pas manquer de profiter et de raser le plus qu'on pourra les logements commencés; mais lorsqu'ils nous auront obligés à une troisième retraite, que nous ferons comme les précédentes, et qu'ils se seront encore mieux établis qu'aupararavant, nous ne pourrions plus rien entreprendre sans désavantage : ainsi, il sera bon de s'en tenir là, car ces sortes d'actions quelqu'heureusement qu'elles puissent réussir, coûtent toujours beaucoup de monde aux assiégés, et il conviendra mieux de conserver les troupes, non-seulement pour soutenir les autres ouvrages, mais encore pour disputer avec plus d'avantage le terrain sur les glacis de la place où nous aurons lieu de livrer de sanglants combats.

Si l'assiégeant attaque les lunettes par une insulte, les bombes et le canon de ses premières batteries auront pu lui en faciliter l'accès le long des faces en déchirant le haut de leurs parapets, et en ruinant la fraise; il pourra aussi en même temps les attaquer par la gorge, en coupant les palissades qui la forment; de quelque façon qu'il s'y prenne, il faudra toujours céder de la manière qu'il a été dit, et d'abord qu'on aura reconnu qu'on doit être bientôt attaqué, ne laisser dans chacune qu'une petite garde qui aura ordre, d'abord que l'ennemi commencera à déboucher, de faire sa décharge dessus et de se retirer aussitôt après, mais pas plus tôt ; nous pourrons faire d'ailleurs la même manœuvre que celle qui vient d'être proposée, tant pour les feux que pour les reprises desdites lunettes, auxquelles il faudra ajouter quelques mines de fond si nous avons eu le temps d'en préparer sous les angles des lunettes, lesquelles faisant sauter les logements qui pourront être au-dessous, faciliteront d'autant mieux notre premier retour.

Lorsque l'assiégeant sera totalement maître des lunettes et qu'il sera bien établi à leurs gorges, il travaillera à sa parallèle de la queue des glacis du front attaqué pour en retarder l'avancement ; nous lui opposerons premièrement de petites sorties de nuit, celles de jour ne se pouvant faire qu'avec trop de désavantage ; deuxièmement, quelques pièces de canon dérobées aux vues de ses batteries ; troisièmement, une grande quantité de pierres dont la démolition du haut des profils de deux demi-bastions du fort ne nous laissera pas manquer ; quatrièmement, un grand feu de mousqueterie de tout le chemin couvert bien entretenu, qui sera d'autant plus dangereux qu'il partira de près, observant de tenir la main à ce que les soldats baissent beaucoup les coups à cause de la grande pente des glacis, sur lesquels il ne faudra pas manquer de feux à éclairer pendant toute la nuit.

Aussitôt que cette parallèle sera achevée de perfectionner, l'assiégeant se préparera à l'attaque du chemin couvert qu'on soutiendra conformément à ce qui été dit ci-devant dans la dissertation sur l'attaque et la défense des chemins couverts, et en choisissant la disposition de défense la plus convenable à la situation où l'on se trouvera pour lors.

Lorsque l'ennemi se sera enfin établi sur le chemin couvert et qu'il nous aura chassé des retranchements des places d'armes rentrantes, il travaillera d'abord à faire les batteries de canon pour battre en brèche, savoir : deux à droite et à gauche de l'angle flanqué de la demi-lune, et deux autres à droite et à gauche des angles des deux bastions du front attaqué, tant pour leur faire brèche que pour ruiner les deux flancs ; les oppositions qu'on peut faire à ces batteries sont premièrement de les faire sauter, comme il est proposé ci-devant, après avoir disposé, si on le peut, les mines à l'avance : pour cet effet, bien cacher leur entrée et conduit pour les saucissons dans des augets enterrés au pied du talus de la contrescarpe, et prolongés jusqu'aux angles rentrants pour y pouvoir mettre le feu ; deuxièmement, de les bombarder et battre de pierres tant qu'on pourra, et troisièmement, d'employer la mousqueterie et les carabines ou arquebuses à croc pour tirer partout où l'on verra travailler et remuer quelque chose, et principalement dans les embrasures.

En même temps que l'assiégeant travaillera à ses batteries, il commencera d'ouvrir les descentes du fossé, tant à la demi-lune qu'aux bastions, qu'il dirigera apparemment vers le milieu des faces en biaisant un peu vers les pointes, pour éviter de déboucher dans des enfilades du canon ou du mousquet qu'il ne pourrait peut-être maîtriser, s'il les tournait autrement : ces descentes se font à ciel ouvert ou par sape souterraine : à ciel ouvert quand les fossés sont pleins d'eau, et par sape quand ils sont à sec et profonds ; celles-ci se font par des mineurs et souterrainement de 4 pieds et demi de large sur six de haut, bien étagés par des bois préparés à cet effet, tandis que l'ennemi travaillera aux siennes qui seront de cette espèce; les fossés étant secs et profonds, mais non revêtus, il faudra envoyer la nuit et le jour des gens hardis et intelligents prêter l'oreille le long de la contrescarpe, pour savoir si le mineur est prêt à percer ou non. Quand on aura marqué l'endroit par quelque chose qui se voie de loin, il faudra avoir préparé sur les faces de chaque bastion, et même sur la courtine, des batteries biaises de quelques pièces de canon pour le recevoir au débouché du passage; on pourra faire précéder cela par un salut de quelques coups de fusil dans le débouchement, ce qui sera suivi de fréquentes sorties qui partiront de la communication qui conduit de la courtine à la demi-lune 63 de l'attaque, et qui devront donner en petites et grosses troupes par la droite et par la gauche, sur le passage du fossé, qui en sera fort inquiété et considérablement retardé; on pourra encore plonger sur les trous d'entrée dans lesdits fossés, du haut des parapets de la demi-lune et des bastions, par le moyen de certains petits bouts de tranchée que l'on avance en portion de cercle dans l'épaisseur du parapet qui nous approchent du bord et nous mettent en état de pouvoir plonger sur partie du passage, qu'il faudra encore inquiéter par des bombes roulées sur des augets, force grenades, feux d'artifice, et par le feu des faces et des flancs des deux bastions; quelques jours avant que l'ennemi se soit rendu maître du chemin couvert, il faudra poser au pied du revêtement des deux bastions, vis-à-vis l'endroit où l'on devra battre en brèche plusieurs caissons de madriers de six

ou sept pieds de longueur et de trois ou quatre pouces d'é-
paisseur, capables de contenir 3 ou 400 livres de poudre
chacun, observant de les bien goudronner et même de les
couvrir, si l'on peut, de toile cirée ou de peau de va-
che, pour empêcher la pluie d'y entrer ; on en arrangera
une certaine quantité, tant plein que vide, sur toute l'étendue des faces desdits bastions qui se présentent aux attaques,
et 20 toises en retour sur les autres faces, qui auront leur
saucisson à la sortie de la poterne qui est sous la courtine,
bien entendu qu'il y aura des bouts de saucissons posés dans
des augets d'un caisson à l'autre pour la communication du
feu; après avoir bien rangé et enterré lesdits caissons au
pied, au-dessous de la retraite du mur, on pourra ajouter
par dessus des fascines et du gros bois mêlé d'un peu de
terre pour recevoir les décombres qui tomberont d'en haut
et proviendront des brèches.

On ne pourra pas faire la même chose à la demi-lune,
n'étant point revêtue, l'ennemi sera même plutôt en état de
l'attaquer que si elle l'était, mais il ne faudra pas la soutenir
de pied ferme, ce seraient 3 ou 400 hommes de sacrifiés
sans aucun fruit, car l'assiégeant, après avoir précédé l'assaut par un déluge de bombes et de pierres, pouvant monter sur toute l'étendue des faces qu'il aura pu aisément rendre praticables d'un bout à l'autre, envelopperait de tous
côtés nos gens, et les forcerait vraisemblablement, ainsi que
le réduit par où il faudrait que les débris se retirassent, à
quoi il ne serait pas raisonnable de les exposer.

Il sera donc plus à propos, avant qu'on soit sur le point
d'être attaqué, d'affaiblir la garde et de lui donner ordre de
se retirer par la communication du fond du fossé qui conduit

à la poterne, qui est sous la courtine que couvre la demi-lune après avoir fait sa décharge sur les premières troupes qui paraîtront pour donner l'assaut ; mais la garde du réduit de bois de charpente, crénelé et bien palissadé en avant, que nous aurons fait à sa gorge, devra faire ferme, et nous donnera le moyen de reprendre poste dans ladite demi-lune : car si on a eu soin de bien assurer l'entrée dudit réduit, il n'y a pas d'apparence que l'ennemi le puisse emporter d'emblée : de pareils qui ont été faits dans la demi-lune 8 de la Porte de France, et dans les places d'armes du chemin couvert, ayant tenu bon au siége soutenu par M. de Laubanie, jusqu'à ce que les ennemis, les aient fait sauter par mines. Nous aurons dû à l'avance, pour le soutien de la demi-lune, préparer sur la courtine quelques pièces de canon qui feront un grand feu sur le logement, et qui sera accompagné d'une bonne mousqueterie, de bombes et de beaucoup de pierres, observant que leur chute n'incommodera point la garde du réduit. Lorsque l'ennemi sera bien établi sur l'angle de la demi-lune et que son logement sera bien plein de monde, si nous avons fait sous son rempart la galerie majeure proposée ci-devant, nous aurons pu préparer sous son angle une mine de fond pour faire sauter le logement qui sera au-dessus, observant de la diriger de façon que les débris portent tous du côté de la tranchée ; comme elle ne saurait manquer de produire un grand effet, beaucoup de perte et de confusion parmi les assiégeants, il faudra aussitôt après, envoyer deux ou trois hommes hardis et intelligents pour reconnaître leur situation, et ce qu'aura produit l'effet de la mine, et, en cas qu'il ait laissé assez de couvert, faire marcher une trentaine de grenadiers pour reprendre poste, lesquels se rétabliront à la hâte le mieux qu'ils pourront, et feront feu sur les logements des ennemis pour leur apprendre notre retour, et les obliger à une nouvelle disposition plus circonspecte et moins prompte pour le leur ; cela leur fera perdre quelque peu de temps et apparemment bien du monde par notre grand feu, lorsqu'ils se logeront de nouveau ; mais comme cette manœuvre ne doit être regardée que comme une petite chicane, les grenadiers se retireront en faisant leur décharge d'abord qu'ils verront revenir à eux leurs ennemis, et pas plus tôt ; ces derniers étant enfin bien établis sur l'angle de la demi-lune, étendront leurs sapes le long des faces, dans l'épaisseur des parapets, et les pousseront jusqu'aux épaules pour pouvoir plonger dans le réduit, et nous obliger à l'abandonner ; mais il faudra s'y maintenir le mieux qu'on pourra en serrant l'angle de près, en se blindant si l'on peut avec quelques madriers de chêne de quatre pouces d'épaisseur, et en faisant feu de toute part sur ledit logement, mais ne le quitter qu'à l'extrémité.

Si l'assiégeant, au lieu d'attaquer la demi-lune de la manière que nous le venons de dire, l'attaquait par mine comme il fit au siège de M. de Melacq, au moyen de notre galerie majeure, nous pourrons en retarder la prise par toutes les chicanes souterraines requises en cas pareil, et d'ailleurs nous conduire de la façon qui vient d'être dit pour le reste de la défense de ladite demi-lune, l'ennemi s'en étant enfin totalement rendu maître.

Pendant le temps qu'il y aura été occupé, il aura pu démonter les flancs des bastions, faire des descentes et avancer les passages du fossé, ouvrir les faces desdits bastions qui se présentent aux attaques, et les retours sur les autres faces des mêmes bastions. et maltraiter la courtine. Il est à présumer que les brèches seront alors praticables, nous en aurons sans doute répaisssi les parapets en dedans et bien garni, et assuré la droite et la gauche sur une certaine étendue par des épines et par des têtes d'arbres attachées au terrain avec des piquets à crochet, depuis la haie vive au-dessus du demi-revêtement jusqu'au bord du parapet intérieur, pour empêcher que lesdites brèches ne puissent être tournées dans le temps de l'assaut, que nous présupposons que l'ennemi n'entreprendra pas avant la prise de la demi-lune ; quand donc il en sera là, que ses passages seront achevés et bien épaulés, vraisemblablement il donnera l'assaut aux deux bastions par plusieurs détachements de grenadiers l'un devant l'autre, soutenus par des corps entiers, et par tout le feu des logements du chemin couvert, beaucoup de canon, de bombes, de pierres et de grenades, précèderont cette action; de notre côté, nous aurons bon nombre de troupes prêtes pour la soutenir, et au moyen des caissons enterrés sous les débris des brèches, comme il a été dit ci-devant, il faudra s'y présenter hardiment pour les défendre, les opiniâtrer, et en cas qu'on ne puisse pas repousser l'ennemi tout-à-fait, attendre qu'il y ait bien du monde en haut pour mettre le feu au saucisson des caissons qui feront sauter tous les décombres, et découvriront le bas du revêtement, que ces mêmes décombres auront garanti du canon, et qui sera encore assez haut pour que ceux qui seront restés sur la brèche ne puissent être secourus par les leurs : de cette manière, en tombant dessus avec vigueur, on les fera sauter bien vite dans le fossé. Cette opération vraisemblablement mettra fin à l'assaut de ce jour ; j'ajouterai à cela que comme l'effet de ces mine volantes est presque infaillible pour faire manquer le premier assaut, je crois qu'il ne faudrait s'en servir que quand on aurait employé la vive force à le repousser.

Lorsque l'ennemi aura été repoussé par l'effet de ces mines volantes qui découvriront le pied du revêtement, il continuera à le battre de son canon pour en rendre la montée plus facile, pour agrandir la brèche et la rendre plus praticable, ou bien y attachera le mineur ; mais comme je suppose qu'on aura fait une bonne galerie majeure sous les faces des bastions, il ne sera pas difficile de préparer à l'avance plusieurs rameaux, que l'on poussera le plus avant qu'on pourra sous la brèche, avec lesquels on leur donnera des camouflets ou on les fera sauter infailliblement, pourvu que cela soit exécuté par des bons mineurs et que cette manœuvre précède le temps que l'ennemi se pourra rendre maître du bas de la brèche, afin que les mines étant chargées, il n'entende point de bruit qui puisse l'induire à méfiance. Ces mêmes fourneaux peuvent servir à faire sauter le logement de l'ennemi sur les brèches après qu'on aura essayé des bombes ou caissons enterrés sous ladite brèche, ce qu'on appelle fougasses ou mines volantes : il faudra user de tout cela suivant le besoin, et quand on aura bien connu les dispositions de l'ennemi; car, s'il a des mineurs attachés, il ne faudra pas attendre qu'ils donnent le feu à leurs mines, mais les prévenir; s'il ne s'attache qu'à battre avec le canon pour agrandir la brèche, on pourra l'attendre jusqu'à ce qu'il donne l'assaut et qu'il se porte dans le sommet de la brèche, soit pour s'y loger ou pour forcer ou passer outre : le coup serait beau à qui pourrait le prendre dans le temps qu'il s'amoncelera dans ladite brèche; les assiégés auront moyen de faire suivre cela d'une grande quantité de pierres, grenades et bombes, et d'user de tout ce qu'il se peut pour faire opposition à un assaut, et d'y jeter dans les intervalles des chevaux de frise, des arbres à qui on aura laissé de grosses branches de deux ou trois pieds de longueur, élaguées et bien appointées, ce qui fera encore un empêchement considérable à la montée de la brèche. On pourra encore user d'autres moyens comme d'y rouler des charriots chargés de bois, fourrer des fascines goudronnées et bien allumées, des barils foudroyants pleins de bombes et de grenades, y faire tomber d'autres bombes par le moyen de quelques planches à coulisses ou petites bascules, des pots à feu ; plus, des grenades et cercles à feu, et tous les autres moyens dont on se pourra aviser, pourvu qu'ils fassent mal à l'ennemi, mais surtout par une bonne mousqueterie ; le tout soutenu par plusieurs réserves rangées à portée, et les retranchements des bastions bien garnis, observant que les munitions soient toujours bien fournies. Voici encore un moyen de défendre les brèches qui va paraître extraordinaire; il fut mis en usage avec succès au premier siége de Chasté sur Moselle, petite ville de Lorraine, que M. le maréchal de La Ferté assiégeait. Le gouverneur y soutint la brèche fort vigoureusement, et dans le fort de la mêlée, quelques-uns des assiégés s'avisèrent de jeter dans la brèche, sur les assiégeants, cinq ou six ruches de mouches à miel qu'ils trouvèrent tout auprès; les mouches s'attachèrent aux assiégeants et leur firent quitter la brèche, et l'histoire dit qu'elles les poursuivirent jusqu'à la tranchée, qu'ils furent obligés de déserter pour quelques jonrs, ensuite de quoi l'armée qui n'était pas trop bien fournie de ses besoins leva le siége. Il y a dans cette ville quelques ruches de mouches à miel, et dans les villages voisins, qu'on pourra faire venir pour s'en servir si on le jugeait à propos.

Enfin, après que nous aurons employé toute la vigueur et 'industrie dont nous aurons été capables pour défendre les brèches le plus longtemps qu'il se pourra, que nous aurons épuisé les chicanes souterraines et qu'on verra qu'il n'y a plus moyen de les soutenir plus longtemps avec quelque avantage, il faudra se retirer dans la place par la poterne qui est sous la courtine du front 59 et 60, et par le pont de communication de la gorge du fort, après avoir évacué tout ce qu'on aura pu de l'artillerie, des munitions et autres provisions ; on pourra cependant, si on le juge à propos, laisser encore pendant quelque temps une garde d'une centaine d'hommes dans le réduit que je suppose que nous aurons fait à la gorge dudit fort pour retarder l'ennemi, en l'obligeant de s'avancer avec un peu plus de circonspection qu'il ne ferait, mais la retirer d'abord qu'il commencera à s'en approcher de trop près : sa communication pouvant être aisément interrompue, et cet ouvrage, qui ne sera protégé que de fort loin, étant d'une trop médiocre défense pour le soutenir.

Si l'assiégeant, au lieu d'attaquer le fort par le front 62 et 64, l'attaquait par le front 60 et 62, on pourrait appliquer à sa défense tout ce qui vient d'être dit à l'occasion de ce premier front, puisqu'il aurait la même quantité d'ouvrages à prendre, et de même espèce à l'un comme à l'autre.

Aussitôt après notre retraite, l'ennemi s'établira dans le fort, assez à son aise, et se logera le plus tôt qu'il pourra le long de sa gorge, dont le terrain est assez élevé, et il trouvera des emplacements fort commodes pour établir les batteries nécessaire à démonter les défenses du front 1 et 3, et de la demi-lune 2 ; il en pourra établir une de 7 pièces sur le rempart du flanc du demi-bastion 66, pour ruiner les défenses de la face gauche de la demi-lune 2, et battre à ricochet sa face droite et son chemin couvert, une seconde de 12 pièces pour battre les faces gauches des lunettes 56, 55, et 106 qu'elle découvrira jusqu'au pied, qui ruinera les défenses de la face gauche de la contre-garde 1, et qui battra à ricochet sa face droite et son chemin couvert, et une troisième s'il veut pour battre la face droite de la contre-garde 3. Il pourra bien encore en placer une quatrième dans la campagne, à la droite du fort à son égard pour battre à ricochet la face droite de ladite contrescarpe 3, et son chemin couvert ; bien que les batteries découvrent les contre-gardes 1 et 3, et la demi-lune 2 assez bas au dessous du cordon ; elles ne seront cependant pas suffisantes pour y faire des brèches capables à y pouvoir monter à l'assaut, et l'assiégeant ne sera pas moins contraint d'en établir de nouvelles pour cela sur le chemin couvert ; mais nous pourrons bien être obligés d'en répaissir les parapets. On pourra aisément juger par l'établissement de ces premières batteries, que ce sera à ce front 1 et 3, que l'assiégeant aura résolu de s'attacher après le passage de l'inondation ; mais comme il ne pourrait faire ledit passage par celle 83 de la gorge du fort, qu'avec des peines et des difficultées infinies, il ne faut pas douter qu'il ne se dispose pour passer sur les glacis de la place par l'inondation 82 : c'est pourquoi, pendant qu'il s'établira dans le fort et qu'il sera occupé à la construction de ses batteries, il étendra apparemment ses tranchées par sa gauche devant l'avant-chemin couvert 52 et 53, afin de s'en rendre maître la

plus tôt qu'il lui sera possible, ce qui ne lui sera pas trop difficile ; il pourra établir encore, de ce côté-là, une cinquième
batterie qui battra en brèche quoique obliquement, la face
droite de la lunette 55, qu'elle découvrira jusqu'au pied,
qui ruinera les défenses de la face droite de la demi-lune 2,
et battra à ricochet la face gauche de la contre-garde 1, et
son chemin couvert ; et s'il veut bien faire, il dressera une
septième batterie pour battre aussi à ricochet la face gauche
de la demi-lune 16, et son chemin couvert, car elle prendra
de grands revers sur les passages de l'inondation 82, et sur la
tête de ses tranchées qu'il aura en-deçà.

C'est là à-peu-près la meilleure disposition que l'assiégeant
puisse donner à ses premières batteries de canon, pour bien
ruiner les défenses et battre à ricochet les ouvrages du front
qu'il aura dessein d'attaquer, auxquelles il en joindra des
mortiers à bombes, et à doubles grenades et de pierriers ;
mais il n'est pas sûr qu'il place toutes les batteries aussi avantageusement pour lui, et s'il les dispose autrement, elles
nous incommoderont beaucoup moins, et notre défense en
sera plus vive : quoi qu'il en soit, dès qu'il commencera à
tirer, il continuera de jour en jour à le faire avec plus de vio-
lence, jusqu'à ce que tout soit en batterie ; il faut s'attendre
que pour lors il fera grand bruit et ne s'en pas étonner, car
cela n'aboutira pas à faire des brèches qui puissent nous être
dangereuses.

De notre côté comme nous aurons eu tout le temps nécessaire pendant l'attaque du fort, il est à présumer que nous
aurons déjà pourvu à toutes les choses proposées pour nous
préserver contres les bombes, les doubles grenades et les
pierres, et qu'on aura disposé les batteries fixes, tant sur

les contre-gardes que les demi-lunes et les courtines dépendant du front attaqué, et qu'on y aura monté les pièces sur les lieux choisis; on pourra s'en servir dans le temps que l'ennemi commencera à s'établir à la gorge du fort, ou à sa droite et à sa gauche; mais quand on le verra placé, et ses batteries déterminées, il faudra changer les embrasures qui seront opposées directement aux siennes pour les prendre de biais, autrement il aurait bientôt démonté le canon qui lui serait opposé. On pourra joindre au feu de l'artillerie celui de la mousqueterie, des fusils à chevalet et des arquebuses à croc, qui seront d'un bon usage dans ces commencements à cause de l'éloignement qui doit nous obliger d'avoir soin de faire beaucoup élever les coups, vu l'élévation du terrain de la gorge du fort, et de celui de la campagne à droite et à gauche; on pourra, en outre, tirer des bombes aux batteries, mais avec un ménagement proportionné à celles qu'on aura dans la place, desquelles il faudra conserver suffisamment pour tirer sur les passages de l'inondation 82, sur les batteries qui nous battront en brèche, et pour les fougasses; nous pourrons aussi employer déjà les pierres en établissant des pierriers dans les lunettes 55 et 56; mais ces deux pièces seront en peu de temps si mal traitées par le canon, les bombes, les doubles grenades et les pierres, qu'on ne devra guère compter sur leur feu, avant même que l'assiégeant ait achevé toutes les batteries : il approchera le plus qu'il pourra la tête de ses tranchées de l'avant-chemin couvert 52 et 53, que nous serons forcés d'abandonner d'abord qu'il sera à portée de l'insulte et peut-être plutôt : car outre qu'il est un peu vu d'écharpe, et plongé du demi-bastion 59 du fort qui le commande et qu'il est d'ailleurs très mal soutenu,

c'est que sa communication par le grand pont qui est derrière
est entièrement découverte depuis les ouvrages de la place,
et qu'on ne peut lui en procurer une autre plus favorable.
Aussitôt que l'ennemi se sera logé sur son parapet, il s'étendra par sa gauche le long du bord de l'inondation 81, et par
sa droite jusqu'au bord de l'inondation 83, de la gorge du
fort; son premier soin après s'être bien établi sur ledit avant-
chemin couvert sera vraisemblablement de la saigner pour se
débarrasser de ses eaux, et du courant de la rivière qu'on
pourrait faire passer par le revêtement 57, qui est à la pointe
de la lunette 55, lequel courant incommoderait par sa rapidité ses passages sur l'inondation 82; cette saignée se peut
faire plus commodément qu'ailleurs à 25, ou 30 toises dudit déversoir 57, laquelle conduira les eaux dans l'inondation
82 de la manière qu'elle est représentée sur le plan, et leur
courant obligera l'assiégeant à laisser un passage sous un de
ses ponts qui pourra être souvent détruit par les bombes et
lui causer des contre-temps fâcheux. Il restera cependant
toujours quelque peu d'eau dans ladite inondation 83, indépendamment du courant de la rivière, et beaucoup de vase.
Si la redoute 105 était faite, l'ennemi ne pourrait, avant de
l'avoir prise, travailler à ses ponts sur l'inondation 82, par
les grands revers qu'elle prendrait sur eux, et comme il ne
pourrait y arriver que par un pont de fascines de 20 à 25
toises de longueur fait dans une profondeur de 6 à 7 pieds
d'eau, et qu'on pourrait beaucoup retarder par un grand feu
de canon et par les bombes, les pierres, le feu d'artifice et la
mousqueterie, la prise de cette redoute lui ferait perdre
beaucoup de temps et de monde : ce qui marque son utilité
indépendamment des grands revers qu'elle prendrait sur le
front 59 et 60 du fort.

Il est à présumer que l'assiégeant, après son établissement sur l'avant-chemin couvert 52 et 53, s'établira aussi dans ledit avant-chemin couvert, et qu'il saignera d'abord l'inondation 82 par le bout du batardeau de charpente 54 ; mais il y restera encore naturellement deux pieds et demi à trois pieds de hauteur d'eau au moins profond par le reflux de l'inondation 81, et cette hauteur pourra être augmentée de trois autres pieds ou environ, en laissant remplir ladite inondation 81 jusqu'au sommet de la chape du batardeau 76 qui la soutient; pour cet effet, il faudra poser des madriers dans les coulisses des deux décharges dudit batardeau, et exhausser la digue ou batardeau de terre de l'angle flanqué de la pièce 86 autant que besoin sera; lorsque cette inondation sera achevée de remplir, on pourra donner cours aux eaux de la rivière qui la doivent achever de former par une des décharges dudit batardeau 76, outre l'avantage des trois pieds de hauteur d'eau d'augmentation que cette manœuvre nous donnera dans l'inondation 82; elle pourra encore incommoder par la transpiration des eaux, la gauche des tranchées qui se trouvera dans la prairie et peut-être obliger l'ennemi de l'abandonner ou à saigner ladite inondation 81, ce qui le jeterait dans un grand travail; quoi qu'il en soit, cette précaution qui n'aura aucun inconvénient dangereux, ne peut être que fort utile jusqu'à ce que l'assiégeant ait fait ses ponts sur l'inondation 82, et qu'il soit établi sur les glacis de la place ; car en ce temps-là il faudra fermer par un bout de digue l'entrée de l'inondation 83, afin d'être maître des eaux de la rivière qui repasseront alors dans la ville, et dont on se pourra servir pour remplir les fossés de la place, quand on le jugera à propos.

L'ennemi aura apparemment mis en brèche la face droite de la lunette 55 de sa batterie de la hauteur, avant que de commencer les ponts sur l'inondation 82, et il continuera vraisemblablement à la battre de son canon de la gorge du fort et à la maltraiter le plus qu'il pourra avec les bombes, les doubles grenades et les pierres, pour nous empêcher d'y pouvoir faire toutes les manœuvres nécessaires à l'inquiéter dans la construction de ses ponts sur l'inondation 82, sur laquelle il sera obligé d'en établir au moins deux de 25 à 30 toises de longueur chacun, et comme ils ne seront faits qu'avec des matériaux de transport, comme fascines, claies, sacs à terre, et autres, il emploiera beaucoup de temps à leur construction. Il faudra que nous ayons une grande attention à en retarder le progrès par les oppositions que nous y apporterons, qui seront premièrement : les batteries de canon que nous aurons préparées à l'avance sur les courtines dont il sera fort nécessaire de surbaisser beaucoup le devant des embrasures, afin de pouvoir mieux plonger et ne les démasquer que lorsqu'on voudra s'en servir ; nous en pourrons établir trois pièces sur la courtine à droite de la tour bastionnée 18, et 4 ou 5, sur la courtine à gauche de ladite tour ; il en faudra établir aussi plusieurs pièces dans les parties du chemin couvert de la face gauche de la demi-lune 16 et de la contre-garde 1, qui auront vue sur lesdits points ; nous en pouvons bien encore ménager quelques unes sur les demi-lunes 2 et 16, et même sur la contre-garde 1, malgré les oppositions de l'ennemi, pourvu qu'on les descende de leurs plates-formes pendant le jour qu'elles pourraient être démontées ; mais elles serviront utilement pendant la nuit, qui est le temps que l'assiégeant travaille le plus en les ajustant tous les soirs avec les remarques nécessaires pour tirer toujours au même endroit. On joindra à cette artillerie un feu de mousqueterie bien entretenu partant des ouvrages qui auront vue sur lesdits ponts, force bombes, et un déluge de pierres continuel, partant aussi de toutes les places d'armes du chemin couvert voisines, dans lesquelles on établira les pierriers pour un temps, à quoi on pourra ajouter de temps en temps, si on le juge à propos, quelques petites sorties de nuit qui viendront faire leurs décharges avec des fusils sur les revers des ponts, et qui se retireront aussitôt après par la communication de la lunette 55 ; et si l'on peut jeter dessus des feux d'artifice partant de ladite lunette afin de les brûler, il n'y faudra pas manquer; toutes ces choses bien disposées et entretenues avec ménagement causeront beaucoup de retardement et de perte à l'ennemi, les épaulements de ces sortes de ponts n'étant presque jamais à l'épreuve du canon.

On pourrait encore faire une autre opposition à la construction de ces ponts qui en retarderait merveilleusement le progrès si elle n'avait pas ses inconvénients ; elle consisterait à pratiquer un logement le long de l'inondation 82, qui partirait de la gorge de la lunette 55 et irait aboutir à l'inondation 81, et qui découvrirait de très près de revers lesdits ponts : ce logement qui serait enfilé de la parallèle que l'assiégeant aurait le long du bord de l'inondation 81, pourrait être couvert par un bon épaulement qu'on ferait à sa droite, et par quelques traverses tournantes placées de distance en distance, mais il offusquerait le feu des batteries de canon proposées ci-devant pour battre lesdits ponts de l'inondation 82, et interromprait le jet des bombes et des pierres lorsqu'il serait occupé, et si la redoute 105 était faite, l'assiégeant qui aurait été obligé de la prendre avant de travailler à ces ponts, verrait entièrement de revers et d'enfilade ledit logement de ceux qu'il aurait dans ladite redoute; c'est pourquoi nous ne le jugerions pratiquable, qu'autant que la situation où l'on se trouverait pour lors le pourrait permettre.

Aussitôt que lesdits ponts sur l'inondation 82 seront achevés, l'assiégeant attaquera vraisemblablement la lunette 55, après l'avoir battu de pierres et de bombes, et il pourra bien attaquer aussi en même temps la lunette 106 afin de s'en débarrasser, et de se procurer par sa prise un établissement un peu soutenable sur les glacis après son passage de l'inondation 82; comme les deux faces de la lunette 55 seront en brèche, et qu'elle pourrait être enveloppée par sa gorge en même temps qu'on l'attaquerait par la face droite et par sa pointe, où l'on pourra arriver par dessus le réservoir 57 qui la joint, il ne faudra pas la soutenir, mais en affaiblir à l'avance la garde qui se retirera aussitôt qu'elle verra venir à elle les ennemis; heureux seulement si l'on peut par l'effet d'un fourneau qu'on aura dû préparer de bonne heure sous son angle et sa face droite, en renverser sur eux les débris en se retirant.

Il ne faudra pas non plus soutenir la lunette 106, quoiqu'elle soit mieux protégée, et de plus près, que la lunette 55 ; car ses deux faces seront aussi en brèche et d'un facile accès, et comme l'assiégeant ne fera ces attaques qu'avec des forces considérables, il conviendra mieux de céder et conserver pour un retour, les troupes qu'on aurait employées et sacrifiées inutilement à la défense de ces deux ouvrages.

'ennemi fera sans doute cette opération, de nuit, pour n'en pas payer trop cher la façon en l'entreprenant de jour; mais elle ne laissera cependant pas de lui coûter beaucoup de monde: car ses troupes seront exposées pendant longtemps sur les glacis au feu des chemins couverts, qui devra être très vif, et aux pierres qu'on y pourra joindre, et le feu sera d'autant plus dangereux que nous aurons eu plus desoin d'éclairer les glacis par des feux d'artifice, et lorsqu'ils en auront ressenti l'effet pendant une heure et demie ou deux heures et qu'ils devront être fort affaiblis, et leurs logements n'étant alors encore qu'à moitié faits, il faudra tomber dessus en grosses troupes, par la droite et par la gauche, et culbuter dans l'inondation tout ce qui sera passé en-deçà et qu'on n'aura pu tuer ou prendre et se rejeter aussitôt dans la communication de la lunette 55, ou dans le chemin couvert joignant pour n'être pas exposé au feu du logement de l'avant-chemin couvert 52 et 53, en se retirant par ailleurs.

Cette opération ne peut presque pas manquer de réussir et sans grand danger pour nous, puisqu'on peut arriver sur l'ennemi, par la droite et par la gauche, sans essuyer presque aucun feu, et avant qu'il ait eu le temps de se reconnaître pour nous recevoir et notre retraite ne pouvant jamais être coupée; d'ailleurs le désavantage qu'auront les troupes ennemies qui seront passées sur les glacis, sera que le secours qu'elles pourraient recevoir n'y pourra arriver qu'en défilant par les ponts sur 4 ou 5 hommes de front, et qu'elles pourront être battues et culbutées dessus avant que de l'avoir reçu, et c'est le plus grand désavantage que puisse avoir un assiégeant dans ces sortes d'établissements; on ne pourra donc mieux faire que de réitérer souvent cette manœuvre.

non-seulement dans ces commencements, mais encore après que l'assiégeant aura pris de plus grands établissements sur les glacis, en prenant toujours son temps pendant la nuit : car ses tranchées se trouvant enclavées sur des glacis fort étroits entre le chemin couvert et les inondations 83, 82 et 81, elles ne pourront recevoir que peu ou point de protection de la parallèle qui sera en-deçà, puisque son feu ne pourrait agir pendant que nos troupes seraient aux prises avec celles de la tranchée, et que ces dernières seraient battues avant que le secours qu'on leur enverrait de ladite parallèle eût eu le temps de défiler par les ponts.

Il est aisé de comprendre que jusqu'à ce que l'assiégeant ait étendu sa tranchée jusqu'aux points qu'il aura choisis pour fixer sa droite et sa gauche, et qu'il l'ait si bien fortifiée qu'elle soit hors d'insulte, nous serons en état, en prenant de justes mesures, de sortir dessus, d'y arriver de nuit et à petit bruit pour n'être point trop tôt découverts, d'en nettoyer souvent tout ce qui se trouvera sur le glacis d'une ou deux faces du chemin couvert, plus ou moins, son logement même s'il était fait, et de nous rejeter aisément dans le chemin couvert quand nous voudrons nous retirer. Pendant ces opérations, les troupes du centre ne manqueront pas de sortir sur les revers de la tranchée et de s'y mettre en bataille pour aller au secours de leur droite et de leur gauche, mais le feu très vif de mousqueterie qui partira des ouvrages qui auront vue sur ledit centre les tiendra en respect et leur tuera sans doute beaucoup de monde, observant que ce feu soit dirigé de façon qu'il ne porte point sur les parties de glacis où les gens commandés des sorties auront ordre de s'arrêter, de crainte qu'ils n'en soient incommodés, il est

sensé qu'on rasera chaque fois ce qu'on pourra des tran—
chées.

Je laisse à juger aux connaisseurs du retardement et des
pertes infinies que ces catastrophes causeront à l'assiégeant,
et des difficultés qu'il aura à surmonter pour s'établir entiè—
rement sur les glacis; on ne peut cependant pas disconvenir
que le terrain sur lequel il établira ses premières batteries ne
soit si avantageux pour lui que si elles sont bien disposées,
nous ne soyons fort tourmentés dans nos ouvrages, et que
cela n'en affaiblisse beaucoup le feu pendant le jour; mais il
faudra s'y maintenir le mieux que nous pourrons par le
moyen des traverses, avoir grand soin de réparer les désor-
dres que le canon et les bombes causeront journellement aux
palissades, parapets, paniers et sacs à terre, et nous dédom-
mager pendant la nuit par les sorties et en faisant un grand
feu, jusqu'à ce que l'assiégeant ait trouvé moyen de prendre
un établissement sur le haut de tout le chemin couvert,
mais alors ses premières batteries ne pourront plus tirer.

Lors donc que l'assiégeant aura trouvé le moyen de s'assurer un premier établissement sur les glacis, il tâchera apparemment de se loger le plus tôt qu'il pourra, sur quelque
angle du chemin couvert, afin de pouvoir s'étendre par sa
droite et par sa gauche sur deux lignes, et cheminer de cette
façon plus en force; en ce cas même, on ne laissera pas de
pouvoir faire dessus de fréquentes sorties, ainsi qu'il a été
dit ci-devant, et on pourra défendre le chemin couvert conformément aux dispositions de défense mentionnées à l'attaque du fort, et choisir celle qui serait le plus conforme à
la situation où l'on se trouve pour lors ; on n'aura pas dû
négliger de pratiquer le petit chemin proposé au haut du re-

vêtement des fossés, parce qu'il pourra tellement favoriser la retraite des gens détachés des angles saillants, qu'elle se fera sans peine et sans perte, et qu'il pourra aussi donner lieu à quelque retour et à soutenir plus longtemps.

D'abord que les tranchées commenceront d'approcher de la lunette 56, il en faudra retirer la garde pour ne la pas exposer sans aucun fruit d'être taillée en pièces, car la communication, qui est fort longue, pourrait être aisément coupée dans le temps qu'on l'attaquerait par sa gorge et par sa face gauche, de sorte qu'il n'en échapperait pas un seul homme.

L'assiégeant s'étant enfin logé sur le haut du chemin couvert de tout le front attaqué, travaillera à mettre son canon en batterie le plus tôt qu'il lui sera posssible, mais il est à remarquer qu'il ne pourra l'y conduire qu'avec de grandes difficultés, car il sera obligé de pratiquer pour cet effet un chemin à la gauche du fort, au travers de l'inondation 83, dans laquelle, quoique saignée, il y aura encore de l'eau et beaucoup de vase : il sera donc nécessité d'employer à sa construction une grande quantité de fascines, de claies et de madriers pour le rendre assez solide, ce qui le retardera de plusieurs jours ; il ne faudra pas manquer de diriger quelques feux sur ce passage pour tuer les hommes ou les chevaux qui seront employés à tirer le canon, lorsqu'on l'entendra passer.

Comme nous avons eu bien du temps devant nous, il est à présumer que nous l'aurons bien employé, et qu'on aura fait sous le chemin couvert du front attaqué les galeries majeures de charpente proposées ci-devant, et qu'on les aura prolongées le plus près qu'il aura été possible des angles rentrants de la contrescarpe; ces galeries majeures nous donneront le moyen de pousser sous les galeries quantité de rameaux de mines de fond pour faire sauter les batteries des ennemis, ce qui ne peut manquer de le déranger infiniment, si nous en tirons tout le parti convenable; ces obstacles surmontés et ses batteries rétablies, il mettra en brèche les deux faces de la demi-lune 2, et celles des contre-gardes 1 et 3 du front attaqué, et travaillera aux descentes et passages de leurs fossés.

Nous aurons dû, avant que les premières batteries aient commencé à tirer, enterrer au pied des faces des contre-gardes des caissons remplis de poudre semblables à ceux dont il est fait mention à l'attaque des bastions du fort pour faire sauter les débris des brèches, et les saucissons destinés pour y mettre le feu seront prolongés, dans des augets bien goudronnés et enveloppés de toile cirée, jusqu'au flanc desdites contre-gardes, observant de ne pas trop enterrer ledits caissons, à cause de l'humidité, et de leur laisser plus tôt excéder un peu le fond du fossé, mais les couvrir de fagots de gros bois et de terre autant que besoin sera pour recevoir sans se briser les premiers débris des brèches, à la défense desquelles, et des descentes et passages de fossé, on emploiera les mêmes moyens que ceux qui sont proposés pour le soutien des brèches des bastions du fort; mais dont la suite demande une addition tant à l'égard des contre-gardes que de la demi-lune, au pied de laquelle on ne pourra enterrer de caissons, comme aux contre-gardes, son fossé étant trop marécageux pour cela ; à ce défaut, il faudra déblayer toutes les nuits les décombres que le canon aura fait tomber pendant le jour au pied des brèches, ce qui pourra obliger l'ennemi d'y attacher le mineur, et lui faire perdre du temps ; à cela près, on fera la même défense qu'aux contre-gardes.

L'assiégeant n'attaquera vraisemblablement pas les contre-gardes qu'il ne se soit entièrement rendu maître de la demi-lune ; après que nous aurons épuisé tous les moyens proposés pour la défense des brèches et que l'ennemi se sera enfin logé sur le haut de celle de ladite demi-lune, il ne sera pas encore près d'en être entièrement maître. Nous avons dit ci-devant qu'il fallait faire un réduit de bois de charpente à sa gorge, bien crénelé et palissadé en avant avec deux traverses, de même, de droite et de gauche, qui iront aboutir aux deux secondes traverses de terre proposées sur le rempart pour se préserver du ricochet ; le réduit et ses traverses, bien garnis de monde, se soutiendront réciproquement et en imposeront à la brèche qui sera devant, et nécessiteront l'ennemi d'aller bride en main et d'arrêter d'abord son logement aux deux premières traverses, sur le rempart, les plus près de l'angle, qui seront vraisemblablement abandonnées, parce que la brèche se sera étendue jusqu'à découvrir leur derrière, et on peut espérer que les assiégeants n'emporteront pas de vive force le réduit ni la traverse de bois de charpente, si les uns et les autres sont bien conditionnés.

Un pareil réduit flanqué d'assez mauvaises traverses de droite et de gauche, qu'on avait fait dans la demi-lune 8 de la **Porte de France**, lorsque **M.** de Laubanie défendit cette place, en **1704**, ayant été trois fois inutilement attaqué, il tint bon jusqu'à la reddition de la place, ainsi qu'il a déjà été dit ; si l'assiégeant veut donc absolument se rendre maître de toute la demi-lune, il sera obligé à faire sur son angle une batterie de trois pièces de canon pour battre le réduit, ce qui ne se fera pas sans peine et sans y employer bien du temps; après quoi, si nous sommes bien préparés, il ne sera peut-être pas impossible de la faire sauter par l'effet d'une mine bien mesurée et chargée à l'avance; quoi qu'il en soit, pendant que l'ennemi s'occupera à la façon de cette batterie, il ouvrira des sapes à droite et à gauche pour couler dans les épaisseurs des parapets et des terres-pleins vers ces deux traverses qui, étant bien flanquées du réduit, peuvent tenir ferme et obliger l'ennemi à s'avancer pied-à-pied, c'est-à-dire fort lentement, pendant que sa batterie achèvera de se mettre en état de battre le réduit; mais comme il ne pourra résister au canon, il en faudra retirer la garde ainsi que celle des traverses avant qu'il ait commencé à tirer, après quoi il n'y aura plus que le feu de canon et de mousqueterie qu'on fera de la courtine et de la tenaille, auquel on joindra les bombes et les pierres, qui puisse retarder l'achèvement du logement de la demi-lune et du réduit.

Pendant que l'un et l'autre se défendront, l'ennemi pourra bien démonter les flancs des contre-gardes et maltraiter la tenaille, faire les descentes et avancer les passages du fossé, achever les batteries sur les pointes des chemins couverts, en établir même sur le haut du parapet des places d'armes rentrantes pour battre la courtine par l'enfilade des fossés des flancs des contre-gardes, ouvrir les faces desdites contre-gardes qui se présentent aux attaques, et les retours sur les autres faces même, ce qu'il pourra voir de la courtine; nous avons dit ci-devant les oppositions qu'il y avait à faire à tout cela, et nous supposons aussi qu'il ne tentera point de logement sur les brèches desdites contre-gardes qu'il ne se soit emparé de toute la demi-lune ; mais quand il le ferait, nous serions toujours en état de nous y opposer.

Quand donc l'assiégeant aura préparé toutes choses pour l'assaut des contre-gardes, nous pourrons lui faire les mêmes oppositions qu'à la demi-lune et aux bastions du fort, mais avec un succès bien plus certain par la puissante protection qu'elles recevront des tours bastionnées et des parties de courtine attenantes dont les parapet seront encore tout entiers, n'ayant pu être ruinés, et derrière lesquels on pourra établir 13 ou 14 pièces de canon qui auront vue sur l'ouverture des brèches, d'où n'étant éloignées que de 25 ou 30 toises, le feu en sera terrible et très dangereux, ce qui fait que tout vaudra aux assiégés, et qu'ils pourront avec avantage disputer le terrain jusqu'à la dernière extrémité, après que l'assiégeant sera logé sur la brèche ; pour y parvenir avec plus de succès, nous aurons dû à l'avance faire plusieurs traverses ou retranchements revêtus en saucissons sur le rempart de chacune des faces des contre-gardes, indépendamment des traverses proposées pour se préserver contre le ricochet, lesquels retranchements devront être prolongés le long du talus du rempart jusqu'au bord du revêtement de la gorge desdites contre-gardes, il faudra fixer les plus avancées de ces retranchements au défaut des brèches : c'est pourquoi on ne le pourra exécuter qu'après que la longueur desdites brèches sera déterminée ; il suffira de leur donner six pieds d'épaisseur par le haut, tant pour épargner les terres, qui sont fort rares que pour qu'ils occupent moins de place, mais il faudra avoir soin de les bien palissader ou de les armer de chevaux de frise par devant.

Les choses ainsi disposées, lorsque les troupes employées

pour le soutien des brèches auront fait tout ce qui aura dépendu d'elles pour les bien défendre, et qu'elles ne pourront plus tenir, elles auront leurs retraites par les ouvertures à doubles fermetures, qu'on aura laissées pour cet effet au bas desdits retranchements, et par des ponts de communication pratiqués le long du revêtement de la gorge des contregardes, et ces troupes n'auront pas plus tôt disparu de dessus le rempart pour descendre le long de son talus qu'elles donneront jour au feu de canon chargé à cartouche, mêlé de quelque mousqueterie, qui partira des tours bastionnées et des bouts des courtines joignant, et aux feux des traverses ou retranchements de droite et de gauche qui, se croisant tous vers la pointe de la contre-garde, maltraiteront, et en imposeront de telle façon aux troupes qui seront montées à l'assaut, qu'il n'y aura plus lieu d'appréhender qu'elles s'attachent beaucoup à la poursuite des nôtres, et elles pourront au contraire se trouver fort heureuses de se pouvoir loger sur le haut de la brèche : comme la défense de la place sera alors pour ainsi dire fixée à deux points, et que toutes les forces de la garnison y seront réunies, nous n'aurons sans doute pas manqué d'établir de bonne heure bon nombre de pierriers et de mortiers à bombes le long des courtines : c'est pourquoi nous serons en état de joindre quantité de pierres et de bombes au feu continuel qu'on fera sur les brèches, observant que leur chute n'incommode point ceux qui seront employés à la garde des retranchements : des contre-gardes et après que les ennemis en auront ressenti l'effet pendant quelque temps, n'étant pas encore bien établis, nous pourrions fort bien ressortir en force sur eux une ou plusieurs fois, les chasser du haut de la brèche, et reprendre poste, surtout si nous pouvions être favorisés par l'effet de quelque mine chargée à l'avance, et que nous n'aurions pas été obligés d'employer à la défense des brèches.

Comme nous ne pourrons pas garder les deux traverses de droite et de gauche les plus proches de la pointe de la contre-garde proposée pour se préserver contre le ricochet, puisque leur derrière sera découvert par les brèches, il serait bon, si l'on pouvait, de les raser avant d'être attaqué, ou de les faire sauter en temps et lieu, par l'effet de quelque fougasse, afin qu'elles ne facilitent point le logement de l'ennemi, et qu'elles n'offusquent pas partie du feu des retranchements.

L'ennemi s'étant enfin bien logé sur le haut des brèches desdites contre-gardes, il étendra ses sapes à droite et à gauche, dans l'épaisseur des parapets et du terre-plein des remparts, pour s'approcher des retranchements, afin de nous les faire abandonner, s'il peut, à force de grenades, ou d'être plus à portée de les attaquer, ce qu'il ne fera que fort lentement, à cause du feu prochain du corps de la place, et de celui de ces mêmes retranchements, que nous pourrons défendre opiniâtrement les uns après les autres à la faveur du corps de la place, qui les protègera puissamment, et des retraites commodes qu'on aura au bas de chacun, sur le bord du revêtement de la gorge de la contre-garde, et par les ponts de communication qui seront le long d'icelle. On pourra même les reprendre, s'il y a jour à cela, surtout si, au moyen de quelque bout de galerie majeure qui nous aura resté, nous pouvons faire jouer quelque fourneau qui nous favorise dans notre retour ; enfin, il faudra employer avec la force tous les moyens les plus industrieux qu'on pourra imaginer, suivant la situation où l'on se trouvera, pour soutenir et conserver jusqu'à la dernière extrémité, des ouvrages aussi puissamment protégés que ceux-ci, et qui seront une de nos dernières ressources, et à la défense desquels on ne risquera que le monde qu'on y emploiera sans aucun danger pour la place.

Il ne faut pas douter que, pendant toutes ces disputes, l'assiégeant ne tourmente beaucoup nos derrières par les bombes, les pierres et les doubles-grenades ; mais étant bien précautionnés, nous aurons de quoi lui répondre, et si nous savons bien profiter et tirer parti de tous nos avantages et que rien nous manque, il est certain qu'il ne se rendra totalement maître des contre-gardes qu'avec des pertes très considérables, et en y employant beaucoup de temps.

Nous avons dit ci-devant que l'assiégeant pourrait bien établir du canon sur le haut du parapet des places d'armes rentrantes du chemin couvert pour battre en brèche la courtine par l'enfilade des fossés des flancs des contre-gardes ; en ce cas, il faudrait avoir grand soin de déblayer toutes les nuits les décombres du pied de la brèche et de les porter sur la tenaille pour y former quelque bout de retranchement, ou du moins les répandre dans le fossé à droite et à gauche des brèches, au-dessous desquelles il pourra rester encore une assez grande hauteur de maçonnerie pour n'en appréhender aucun inconvénient, joints à ce que les brèches seraient flanquées par huit pièces de canon des flancs hauts et bas des tours bastionnées ; au pis aller, si l'on appréhendait quelque danger en mettant l'eau dans les fossés par le moyen des écluses de chasse de l'entrée des eaux, 45, on serait tout-à-fait hors d'inquiétude ; mais il n'en faudra venir là, si l'on peut, qu'a-

près avoir fait usage de toutes les contre-mines qui seraient
noyées, et examiner alors si les eaux n'auront point inter-
rompu la communication des brèches avec les tranchées; car
en ce cas qui vraisemblablement arrivera si les ennemis n'ont
pas eu la précaution de tenir leur passage de fossé plus
élevé que la superficie des eaux qu'on peut mettre dans les
fossés ; en ce cas, dis-je, nous pourrions sortir en force des
retranchements que nous conserverions encore à la droite
et à la gauche des contre-gardes, et par les ponts pratiqués
le long de leurs gorges tomber sur les logements et culbuter
dans le fossé tout ce qui serait sur les brèches, qui ne pourrait être secouru ; après quoi nous pourrions raser les logements et nous rétablir dans les parties que nous aurions
perdues, et disputer de nouveau le terrain jusqu'à ce que les
ennemis, après avoir rehaussé leurs ponts, eussent trouvé le
moyen de nous en chasser sur nouveaux frais.

L'assiégeant, après nous avoir totalement chassé des contre-gardes, n'achèvera pas les logements, tant sur les remparts que le long de leurs gorges, sans avoir beaucoup à
souffrir, tant par le grand feu de canon que nous ferons sur
lui que par les bombes et le grand nombre de pierres dont
nous serons en état de l'accabler. En même temps qu'il y
travaille, il se préparera apparemment à établir des batteries
pour ouvrir le corps de la place, ce qu'il pourra faire de deux
manières : la première en faisant monter son canon sur les
contre-gardes à l'aide des cabestans, mais cela ne se pourra
exécuter qu'avec bien du temps et des difficultés infinies, et
il sera obligé d'en établir 9 ou 10 pièces au moins sur chacune : car s'il se contentait d'une moindre quantité, comme
de 6 ou 7 pièces, il serait sûr qu'elles ne produiraient au-

cun effet, puisque nous serions en état de les démonter en peu de temps, pouvant alors avoir sur chaque tour bastionnée et sur les extrémités des courtines joignantes, 16 à 18 pièces à opposer, encore n'est-il pas bien sûr que l'assiégeant puisse réussir avec 9 ou 10 pièces de canon par la multitude des bombes et de pierres que nous joindrons au nôtre. Il y a cependant apparence qu'il se conformera à cette première manière pour l'établissement de son canon, qui paraît d'abord la plus naturelle pour ouvrir le corps de la place, quoique la seconde soit beaucoup plus sûre et moins dangereuse. Elle consiste premièrement à employer les batteries qui auront servi contre les flancs des contre-gardes, à raser les coins de ces mêmes flancs qui empêchent la vue de ceux des tours bastionnées, afin de les découvrir et d'en pouvoir battre le haut et le bas des mêmes canons sans changer de place, et, en second lieu, à raser un espace dans la pointe des contre-gardes, de 16 à 18 toises de largeur chacune, pour donner jour au feu de 5 ou 6 pièces de canon partant de la pointe du chemin couvert, dont on dispose les embrasures et plate-formes pendant qu'on est occupé au rasement qui doit être abaissé aussi bas que le terre-plein du chemin couvert, afin de pouvoir battre en sape les tours bastionnées le plus bas qu'il est possible, pour les ouvrir entièrement et les percer presque dans le fond de leur voûte ; et pour lors, outre que l'ouverture que le canon y fera sera de toute la capacité de la tour, il en rendra les flancs haut et bas inutiles, et cela ira jusqu'à rompre les petites défenses du derrière, même le pilier qui soutient le milieu de la voûte jusqu'à la faire tomber tout-à-fait, moyennant quoi il n'y restera que la carcasse des flancs ; il pourra même, s'il y a du jour, battre encore à droite et à gauche des mêmes tours pour en chasser le canon qui, de là, continuerait à incommoder beaucoup les logements, observant que ceux des gorges n'en doivent point occuper le milieu à cause des boulets qui passeraient par dessus.

Pendant que cela se fera, comme l'assiégeant aura occupé le terre-plein des contre-gardes, et qu'il sera parvenu aux flancs, il percera apparemment au travers et y fera de petits logements pour nous chasser des tenailles, et, à l'égard du dedans desdites contre-gardes ayant joint leurs gorges qui servent de bord de fossé aux tours, il aura deux manœuvres à faire, dont l'une consiste au passage du fossé de part et d'autre des tours, et l'autre à faire des mines sous le bord dudit fossé pour le renverser dedans et faciliter son comblement. Cela étant fait et exécuté à propos, l'assiégeant se rendra aisément maître des tours : la place ne sera cependant pas encore ouverte; mais comme elle sera fort prête de l'être et qu'il ne restera plus de flancs, une plus longue résistance pourrait nous empêcher d'avoir une capitulation honorable; que si l'assiégeant ne voulait pas l'accorder on pourrait le retarder encore plusieurs jours : car pour parvenir à nous forcer tout-à-fait, il faudra qu'il s'établisse dans les ruines des tours, qu'il s'y fortifie et rompe les galeries de la droite et de la gauche par des fougasses, et ensuite qu'il en vienne à des plus grandes mines dont l'effet acheverait d'ouvrir la place. Outre les feux, les pierres et les bombes que nous pourrons lui jeter du haut du rempart, nous serions encore en état, comme premiers postés, de contester beaucoup le succès de ses mines, mais il serait très dangereux de l'attendre tout-à-fait; les retranchements de bois de charpente provenant de la démolition des maisons, si nous n'en avions pas d'autres, que nous aurions pu faire derrière les brèches, pouvant être souvent ouverts par les bombes et les coups échappés du canon; si l'assiégeant au lieu d'établir son canon pour ouvrir la place de la manière qui vient d'être dit, l'établissait sur les contre-gardes, et qu'il trouvât moyen de s'y maintenir, il pourrait produire à-peu-près le même effet, l'assiégeant conduire le reste de ces attaques de la même façon, et les assiégés y faire les mêmes oppositions.

Ce que nous venons de dire pour la défense du front 1 et 3, pourrait être appliqué au front 1 et 15, en cas que les ennemis en préférassent l'attaque à celle du front 1 et 3; ces ouvrages et les approches, étant de même nature, nous pourrions seulement y ajouter quelques bouts de contre-parapets dans l'avant-chemin couvert 85, pour voir de revers partie de tranchées, qui seraient sur les glacis dudit front 1 et 15, lesquels incommoderaient beaucoup les assiégeants.

Des Retranchements.

On ne doit pas faire beaucoup de fond, généralement parlant, sur tous les retranchements qui se font dans une place assiégée, par trois raisons : la première, parce que l'ennemi ne vous laisse guère le temps de travailler quand il est

assez près, pour jeter des bombes et des pierres sur votre ouvrage qui, par conséquent, demeure souvent imparfait ; la
seconde, parce qu'il est rare que vous puissiez trouver un assez grand nombre d'ouvriers, sans trop affaiblir la garnison,
pour pouvoir en peu de temps faire quelque chose de considérable, et la troisième, parce que des terres nouvellement
remuées n'ont pas la même consistance, que si elles
étaient remuées depuis longtemps ; d'ailleurs il y a tant d'ouvrages à défendre les uns devant les autres en cette place,
principalement par le côté du fort, qu'il est à présumer que
les munitions seront épuisées, à moins d'en avoir une très
grande abondance, et la garnison fort affaiblie, avant que
l'ennemi fût parvenu au corps de la place, et qu'avant qu'il
y soit, on n'aurait plus de quoi continuer la défense et soutenir les contre-gardes aussi puissamment qu'on le ferait si
on ne manquait de rien.

Pour rémedier en partie à ces choses, pour ce qui regarde
les retranchements, il serait très nécessaire, si la guerre était
déclarée, et qu'on appréhendât le siège de cette place, de faire
à l'avance la meilleure partie des ouvrages de précaution,
et des galeries majeures, proposés dans ce mémoire, et principalement ceux qui ont rapport aux attaques du côté du fort
qui doivent nous donner le plus d'attention ainsi qu'on a pu
le remarquer.

—

Sur le ménagement des munitions et des armes.

Comme la défense de cette place pourrait être poussée
fort loin, si elle était abondamment pourvue de toutes les

munitions nécessaires et qu'il pourrait arriver qu'elle se trouverait attaquée dans un temps où elle ne serait que médiocrement approvisionnée, il faudra qu'une économie bien réglée et un sage ménagement supplée à l'abondance, à quoi on pourra parvenir en prenant les précaution suivantes.

Premièrement. Tirer fort peu de canon, et seulement des pièces, jusqu'à l'ouverture de la tranchée.

Deuxièmement. Ne tirer du mousquet et du fusil aux tranchées pendant le jour, qu'aux endroits où l'on voit remuer de la terre, à moins qu'on n'enfile quelque partie de la tranchée, soit par mal façon des assiégeants, soit par des petits logements avancés que l'on fait lorsque le lieu le permet.

Troisièmement. Lorsqu'on distribue de la poudre aux soldats, ne permettre jamais qu'ils la prennent avec la main dans le baril pour la mettre dans leur chapeau, et de là dans leurs poches; mais avoir avec chaque baril à bourre de distribution des mesures de fer-blanc d'une livre, d'une demi-livre et d'un quarteron, avec lesquelles on puisera la poudre dans le baril pour la verser dans la poche du soldat, dans laquelle il faudra l'obliger d'avoir une mesure de fer-blanc ou de bois de frêne qu'on lui donnera pour charger ses armes, qu'il ne faut pas lui permettre de charger à discrétion et sans mesure; car, outre la consommation inutile lorsque le soldat charge à poignée et qu'il s'aperçoit qu'il a trop pris de poudre, il jette ordinairement ce qu'il en a pris de trop le long de la banquette où il s'en fait à la fois une traînée à laquelle le feu venant à prendre par quelques étincelles de mèches ou autres accidents, il se communique aux fourniments des soldats, même à la poudre qui est dans

leurs poches, et en estropient et mettent hors de service un
grande quantité, ce qu'on a vu arriver très souvent. Si les
officiers tiennent exactement la main à l'exécution de cet article, cela épargnera une grande dissipation de poudre, et
une grande quantité de canons de fusil et de mousquet, dont
la plus grande partie ne crèvent que parce qu'ils sont trop
chargés.

Quatrièmement. Faire mettre en cartouche de 30 ou 32
coups à la livre, suivant la bonté de la poudre, la plus grande
partie de celle que les soldats tireront, et même tout si l'on
voit que les officiers ne les fassent pas assujétir régulièrement à leur mesure. Une personne peut faire par jour 500
cartouches; mais il faut se souvenir qu'elles doivent être tenues dans un lieu bien sec, qu'elles ne doivent pas être trop
vieilles faites, et que la balle doit être un peu plus petite que
celle qu'on met toute nue dans le fusil.

Cinquièmement. Visiter avec une grande exactitude tous
les soldats lorsqu'ils descendront la garde, et leur faire rendre toute la poudre qu'ils auront dans leurs poches et leur
laisser seulement leurs fourniments pleins et leur gargou-
cher qu'ils seront obligés de rapporter de même en remon-
tant la garde, et obliger les officiers d'y tenir la main fort
exactement, sans quoi il se fera mille friponneries sur la
poudre.

Sixièmement. Ne permettre jamais que le soldat charge
son fusil sans le bourrer, autrement, le canon s'engraisse
au deuxième ou troisième coup; après quoi, une partie de la
poudre n'étant pas poussée elle s'attache au canon et ne va
pas jusqu'au fond, d'où il s'en suit que les coups perdent
beaucoup de leur force, parce que la graisse de chaque coup

n'étant point essuyée par le frottement de la bourre, elle s'augmente de plus en plus et retient la plus grande partie de la charge qui s'y attache, et cela fait même que les balles de ce calibre ne coulent plus dans le canon, et si elles y entrent n'étant point retenues par la bourre, pour peu que celui qui tire baisse le bout du fusil, la balle roule et sort du canon, ce qui est encore un autre défaut auquel cette manière de charger expose ceux qui la pratiquent.

Septièmement. Nettoyer les armes au moins une fois pendant la garde; cela, joint aux mesures égales, empêchera les armes de crever, et rendra le feu plus certain et par conséquent plus meurtrier.

Huitièmement. Faire une revue exacte de toutes les armes qu'il y aura par bataillon, et obliger tous les majors et aides-majors d'en répondre jusqu'à la dernière pièce; c'est-à-dire leur faire rapporter à l'arsenal tous les fusils ou mousquets crevés ou rompus dont ils prendront pour leur décharge un reçu de celui qui sera commis pour les recevoir; cette précaution sera fort utile en ce qu'on ne perdra point les armes des soldats tués ou blessés; et d'ailleurs, on pourra faire raccommoder les canons crevés, ou s'ils le sont proche le bout le rogner, et en mettant un petit secret dans la culasse, le faire porter encore assez loin, quand il ne leur resterait que la longueur des mousquetons. De plus, comme les armes manquent bien plus par le canon que par les autres parties, on profitera toujours du bois ou de la platine qui pourront être employés à d'autres canons qu'on pourra avoir dans les magasins ou qu'on trouvera peut-être dans la ville.

—

Magasins à poudre.

Il y a dans la place trois magasins à poudre bien à l'é—preuve de la bombe, qui peuvent bien contenir 330 milliers de poudre, chacun engerbant de quatre de hauteur.

—

Des souterrains.

Les souterrains sont, comme on sait, d'une grande uti—lité pendant un siége, tant pour loger les munitions et la boulangerie, que pour donner moyen à une partie de la garnison de reposer à couvert et en sûreté. Il y a peu de place dans le royaume qui en soit aussi bien pourvue que celle—ci ; j'en joins ici un état, avec les dimensions, pour plus grande commodité, et épargner la recherche qu'on serait obligé d'en faire en cas de besoin.

SITUATION DES SOUTERRAINS.	Souterrains.	Longueur.			Largeur.			Hauteur sous clé.		
		to.	pi.	po.	to.	pi.	po.	to.	pi.	po.
Les six poternes, sous le rempart au milieu des courtines, entre les tours bastionnées 28 et 26, 24 et 22, et 22 et 20, 20 et 18, 33 et le réduit 13; ledit réduit 13 et la tour 28 de 9 toises 2 pieds de longueur chacun, entre.	6	56	0	0	2	0	0	1	4	6
Il y a deux petits magasins voûtés dans chacune des traverses de maçonnerie, sur le rempart au-dessus desdites poternes, qui ont les deux ensemble 5 toises 3 pieds de longueur, pour les 12 magasins, en. . .	12	33	0	0	2	0	0	1	4	0
Le souterrain servant de communication au souterrain dans la tour bastionnée 28. . . .	1	7	3	0	2	0	0	1	4	0
Le souterrain, dans ladite tour 28, mesuré dans le milieu.	1	23	0	0	3	0	0	2	2	0
Les magasins voûtés dans la traverse de maçonnerie, sur le rempart, derrière ladite tour 28.	1	2	3	0	2	0	0	1	4	0
Le souterrain servant de communication au souterrain dans la tour bastionnée 26. . . .	1	22	3	0	2	0	0	1	5	0
Le souterrain, dans ladite tour 26, mesuré dans le milieu.	1.	23	0	0	3	0	0	2	2	0
Le souterrain servant de communication au souterrain dans la tour bastionnée 24. . . .	1	22	3	0	2	0	0	1	5	0

SITUATION DES SOUTERRAINS.	Souterrains.	Longueur.			Largeur.			Hauteur sous clé.		
		to.	pi.	po.	to.	pi.	po.	to.	pi.	po.
Le souterrain, dans ladite tour bastionnée 24, mesuré dans le milieu.	1	23	3	0	3	0	0	2	2	0
Les trois souterrains au-dessus de l'entrée des eaux, sous le bâtiment 47, de 6 toises 1 pied de longueur chacun, ensemble.	3	18	3	0	1	3	0	1	2	0
Trois des six magasins voûtés, dans ledit bâtiment 47, au-dessous des trois susdits souterrains, 2 toises de longueur chacun, et les trois autres ont 4 toises 4 pieds de longueur chacun, ainsi pour les six ensemble. .	6	20	0	0	1	3	0	1	3	0
Le souterrain servant de communication au souterrain dans la tour bastionnée 22. . . .	1	7	3	0	2	0	0	1	4	0
Le souterrain, dans ladite tour bastionnée 22, mesuré dans le milieu.	1	23	0	0	3	0	0	2	2	0
Le magasin voûté dans la traverse de maçonnerie, sur le rempart derrière ladite tour 22.	1	2	3	0	2	0	0	1	4	0
Le souterrain servant de communication au souterrain dans la tour bastionnée 20. . . .	1	7	3	0	2	0	0	1	4	0
Le souterrain, dans la tour 20, mesuré dans le milieu. . . .	1	23	0	0	3	0	0	2	2	0
Le magasin voûté dans la tra-										

SITUATION DES SOUTERRAINS.	Souterrains.	Longueur.			Largeur.			Hauteur sous clé.		
		to.	pi.	po.	to.	pi.	po.	to.	pi.	po.
verse, sur le rempart, derrière ladite tour 20	1	2	3	0	2	0	0	1	4	0
Le souterrain servant de communication au souterrain dans la tour bastionnée 18. . . .	1	7	3	0	2	0	0	1	4	0
Le souterrain, dans ladite tour bastionnée 18, mesuré dans le milieu.	1	23	0	0	3	0	0	2	2	0
Le magasin voûté dans la traverse, sur le rempart, derrière ladite tour 18	1	2	3	0	2	0	0	1	4	0
Le souterrain servant de communication au souterrain dans la tour bastionnée 33. . . .	1	7	3	0	2	0	0	1	4	0
Le souterrain, dans ladite tour bastionnée 33, mesuré dans le milieu.	1	23	0	0	3	0	0	2	2	0
Le magasin voûté dans la traverse, sous le rempart, derrière ladite tour 33	1	2	3	0	2	0	0	1	4	0
Souterrains dans le réduit 13, au nombre de 11 :										
Souterrain sous le rempart du flanc gauche dudit réduit . .	1	5	0	0	2	0	0	1	5	6
Autre souterrain sous ledit rempart	1	12	0	0	2	0	0	2	0	0
Le souterrain sous le rempart de la face gauche dudit réduit. .	1	8	2	0	2	0	0	1	4	6

SITUATION DES SOUTERRAINS.	Souterrains.	Longueur.			Largeur.			Hauteur sous clé.		
		to.	pi.	po.	to.	pi.	po.	to.	pi.	po.
Souterrain sous la barbette dudit réduit, le souterrain de sa gauche.	1	7	0	0	2	0	0	4	5	0
Ces souterrains sont propres pour y établir la boulangerie.										
Le 2e souterrain ensuite. .	1	6	5	0	2	0	0	4	5	0
Le 3e souterrain ensuite. .	1	8	5	0	2	0	0	4	5	0
Le 4e souterrain ensuite. .	1	6	5	0	2	0	0	4	5	0
Le 5e souterrain ensuite toujours sous ladite barbette . .	1	7	0	0	2	0	0	4	5	0
Le souterrain sous le milieu du rempart de la face droite dudit réduit.	1	8	2	0	2	0	0	4	4	6
Le souterrain sous le flanc gauche dudit réduit	1	12	0	0	2	0	0	2	0	0
Autre souterrain sous ledit flanc	1	5	0	0	2	0	0	4	5	6
Les trois poternes sous le rempart des courtines, entre les bastions 66 et 64, 64 et 62, 60 et 59, du fort, ayant 11 toises 4 pieds de longueur chacune, ensemble.	3	35	0	0						
Total desdits souterrains. .	60									

Estimation qui pourrait servir au réglement de la garnison, et ensuite à celui des munitions nécessaires pour soutenir le siége de cette place.

Landau peut être considérée comme une place à huit bastions, ainsi si elle n'avait point d'autres dehors que les demi-lunes et son premier chemin couvert, sa garnison pourrait être réglée sur le pied de 600 hommes par bastion, ce qui serait en tout 4,800 hommes, à quoi il faut ajouter par rapport à toutes les pièces détachées qui l'environnent, non compris le fort, 1,200 hommes, et 2.000 pour la garnison du fort et ses dépendances, ce qui fait en tout 8,000 hommes, le dixième de ce nombre, qui est de 800 pourra régler celui de la cavalerie, et comme les dragons peuvent mettre pied à terre, dans les besoins, et agir de même que l'infanterie, ils seraient préférables à de la cavalerie pendant le siége.

Suivant ce que nous venons de dire

	hommes.
L'infanterie de la garnison sera de	8,000
Et la cavalerie	800
TOTAL	8,800

Cette estimation n'est pas trop forte par rapport à la durée du siége et à la grande quantité d'ouvrages qu'on aura à défendre et quelques centaines d'hommes de plus ne gâteraient rien.

Détail de l'application de la garnison.

	hommes.
Pour les blessés, malades, désertés ou cachés des 8,000 hommes d'infanterie, environ la dixième partie vers le 20e jour du siége et partant . .	800

hommes.

Pour le service des batteries et du canon . . .   **150**

Travaux ordinaires. **300**

Transport des munitions dans les postes, et pour en
    rapporter les blessés. **70**

Infirmiers. **50**

Aides du garde-magasin pour fondre les plombs,
    tirer les munitions hors du magasin, les transpor-
    ter et charrier. **40**

                            Total. . . **1,410**

Dont il faudra régler la destination dès le commencement du siége, leur donner des chefs, et qu'ils ne soient employés qu'à cet usage tant que le siége durera ; il faudra, outre cela, tirer du corps des troupes tout ce qui se trouvera de
fourbisseurs, armuriers, serruriers, charpentiers, menuisiers,
tourneurs, etc., pour les employer chacun à leur métier.

La bourgeoisie a fourni pendant les derniers siéges que
cette place a soutenus, environ 350 hommes ; on pourra
compter encore sur la même quantité pour les employer aux
ouvrages les moins exposés et aux canons des postes où celui de
l'ennemi ne tirera point. En déduction des 1,410 soldats ci-
dessus que nous ne compterons à cette considération que
pour 1,060 hommes qu'il faudra ôter des 8,000 hommes,
restera donc à faire état de 6,940 à diviser en trois parties
de 2,313 hommes chacune, dont une de garde, l'autre au bivouac, et la troisième en repos.

La cavalerie sera pareillement divisée en trois parties, dont
une en garde, l'autre en bivouac et la troisième en repos ;

celle de garde prendra la droite et la gauche des attaques et autres postes, selon qu'on le trouvera à propos ; celle en bivouac sera disposée par brigade sur les places et carrefours de la ville, pour prendre garde au feu et qu'il ne se fasse point d'assemblée tumultueuse ; et celle qui sera en repos tiendra ses chevaux sellés pendant le jour, et quand il s'agira de sortie un peu considérable, elle montera toute à cheval.

La garde de l'infanterie et le bivouac se tiendront sous les armes, et lorsqu'il sera question de quelque affaire extraordinaire, les gens de repos les prendront aussi et s'assembleront devant leur logement, où ils se tiendront en état d'empêcher qu'il ne se fasse rien de mauvais dans le dedans, et de secourir le rempart s'il en est besoin ; il faudra aussi faire la même chose quand il y aura des entreprises extraordinaires de la part de l'ennemi.

Nous subdiviserons encore les 2,313 hommes d'infanterie de garde en trois parties égales dont les deux tiers, que nous fixerons à 1,542 hommes, soutiendront les attaques, et l'autre tiers, montant à 771 hommes, occuperont les autres postes non attaqués du circuit de la place.

Le bivouac fera sa disposition de même que la garde, et prendra poste sur le rempart et autres lieux immédiatement derrière elle, et dans les endroits les plus à portée de la pouvoir secourir.

C'est sur ce pied qu'on divise ordinairement la garnison d'une place attaquée ; mais comme le siége de celle-ci sera de longue durée, les troupes se trouveront si fatiguées au bout d'un certain temps qu'on ne devra pas en attendre un service aussi vif que dans les commencements ; c'est pourquoi, si la garnison était forte, il serait bon d'examiner si, au lieu de faire cette division par tiers, tous les postes ne seraient pas suffisamment gardés en la faisant par quart, et, en ce cas, suivre au moins pour un temps celle-ci qui soulagerait beaucoup les troupes.

—

Hauts - Officiers.

Quoique cette place fût pourvue d'un bon état-major, si elle était en péril d'être assiégée, il serait très nécessaire d'y joindre encore une certaine quantité d'officiers extraordinaires, gens de commandement et d'expérience, capables de suppléer au gouverneur et au lieutenant de roi, s'il arrivait faute d'eux ; que ces officiers, de quelque caractère qu'ils puissent être, fussent subordonnés au gouverneur et au lieutenant de roi, parce qu'il est à présumer que ces derniers entendront toujours mieux leur place et qu'ils s'intéresseront davantage à sa conservation que des étrangers qui ne la connaîtront point et qui n'auront pas le même intérêt de la conserver, ces mêmes officiers devront être aussi subordonnés entre eux pour éviter les disputes de préséance, et d'un caractère distingué au-dessus des colonels, afin qu'ils leur puissent commander dans les postes éloignés du gouverneur quand il arrivera des cas imprévus et pressants ; ce sont de ces officiers, du lieutenant de roi, du major et de l'ingénieur en chef de la place que le conseil du gouverneur ou commandant devra être composé lorsqu'il sera question de délibérer sur ce qu'il y aura à faire de considérable, remarquant que le commissaire-ordonnateur y devra aussi entrer lorsqu'il s'agira de la police ou de la subsistance des troupes.

Officiers-Majors de la place et autres.

Le gouverneur et quatre aides-de-camp, le lieutenant de roi et trois aides-de-camp, attendu que d'ordinaire ils commandent dans les dehors qui sont considérables où il ne se pourra qu'ils n'aient beaucoup d'affaires, ou, par conséquent, besoin de quelqu'un pour porter les ordres d'un poste à l'autre.

Le major et ses aides qu'il faudra augmenter autant que besoin sera.

L'ingénieur en chef de la place, assisté de neuf ou dix autres, des inspecteurs, entrepreneurs des ouvrages, des commis, gens de métier et autres, dont il faudra s'assurer de bonne heure.

Le capitaine des portes et deux ou trois avec lui.

Le lieutenant d'artillerie en chef, un ou deux commissaires provinciaux et dix ou douze ordinaires.

Le garde-magasin assisté de tous les ouvriers de ladite artillerie qui lui seront besoin, gens sûrs et bien connus pour aider au remuement et transport des poudres et autres munitions hors et dans les magasins, et un fondeur pour mettre des grains aux canons, dont les lumières seront éventées et hors de service, plus 120 ou 130 canonniers ou bombardiers maîtres.

Deux ou trois artificiers et cinq ou six hommes adroits pour les aider.

Soixante bons mineurs, commandés par un capitaine, deux lieutenants et deux sergents, quatre ou cinq maîtres charpentiers, 25 compagnons, quatre tourneurs menuisiers pour les coffres et fougasses , porte-feu de bombes, et grenades augelets, etc.

Vingt maîtres monteurs d'armes , et des armuriers, serruriers, fourbisseurs , tous ce qu'on en pourra trouver , car c'est de quoi on a jamais assez.

Officiers de police.

Un commisaire ordonnateur et ses secrétaires ou commis, munis de tous les ordres nécessaires à pouvoir exercer sa charge.

Deux commissaires de guerre.

Un trésorier et ses commis ayant en caisse une somme assez considérable pour payer pendant six mois la garnison, les travaux du siége , et satisfaire aux petites gratifications, auxquelles on est obligé envers les officiers blessés et soldats qui ont fait leur devoir ou quelque chose d'extraordinaire.

Un commissaire des vivres et ses commis, avec les boulangers , tous les fours et instruments nécessaires à la boulangerie.

Un prévost et dix archers, avec un exécuteur de hautesœuvres.

Hôpital.

Un directeur et trois ou quatre commis, deux ou trois médecins.

Deux apothicaires et leurs garçons avec leurs boutiques, garnies de toutes les drogues et médicaments nécessaires à la médecine et à la chirurgie, pour les malades et les blessés, bien choisis et de bonne qualité.

Le chirurgien-major et 12 ou 15 aides ou *fraters*, fournis de tous les instruments nécesssaires à leur art.

L'infirmier, et tous les aides nécessaires.

Deux aumôniers.

Un cuisinier et ses aides, dix ou douze valets, et sept ou huit servantes pour blanchir les linges et avoir soin des malades et blessés.

Estimation de la durée du siége.

Pour bien faire l'estimation de la durée du siége, il faut toujours supposer deux choses : l'une que la garnison y fera tous les devoir possibles, et l'autre, que l'ennemi attaquera par le plus fort et qu'il pourra faire des fautes qui le retarderont : ce qui arrive assez souvent ; car, comme c'est aussi bien sur la durée de la défense que sur la force de la garnison qu'on se détermine, sur les magasins à faire ; il est très essentiel d'examiner avec soin jusqu'où elle peut aller, pour qu'un habile gouverneur ne se trouve pas dans la nécessité de se rendre avant le temps, faute d'avoir de quoi prolonger sa résistance aussi loin qu'elle peut raisonnablement aller.

Nous présupposerons donc, suivant ce principe, que l'ennemi formera ses attaques par le fort et ensuite par le front 1 et 3, et sur ce pied nous réglerons cette estimation comme ci-après.

Pour l'investiture de la place, façon des lignes, amas

Établissement tant à la gorge, qu'à la droite et à la gauche du fort, et façon des premières batteries nécessaires pour l'attaque du front 1 et 3 . . 6

Établissement le long de l'inondation 81 ; sur le haut de l'avant-chemin couvert, 52 et 53, et dans son terre-plein et saignée de l'inondation (83) de la gorge du fort 4

Façon d'un pont de fascines sur l'inondation 81, pour arriver à la redoute 105, si elle est faite, attaque et prise de ladite redoute 7

Pour la façon des ponts sur l'inondation 82 et les oppositions qu'on y peut faire 8

Pour la prise des lunettes 55, 106 et 56, et l'établissement sur les glacis et chemins couverts du front 1 et 3, compris la discussion des places d'armes et de leurs retranchements 15

Disputes souterraines, pour empêcher l'établissement des batteries sur le chemin couvert dudit front, présupposant que nous aurons pratiqué sous son terre-plein des galeries majeures, ci . . . 10

Descente et passage du fossé de la demi-lune . . 3

Attachement du mineur ou équivalent pour les batteries jusqu'à l'ouverture d'une brèche raisonnable . 4

Prise et discussions des dedans et du réduit de ladite demi-lune 6

Passages du grand fossé aux contre-gardes 1 et 3, que nous supposons commencées avant la prise de la demi-lune 4

Attachement du mineur ou équivalent pour faire

Jours.

brèche raisonnable par le canon auxdites contre-
gardes   1

Défense des brèches desdites contre-gardes et disputes
du terrain des dedans, jusqu'à ce que l'ennemi s'en
soit totalement rendu maître   10

Établissement des batteries dans les contre-gardes, ou
attachements du mineur pour ouvrir la place, ci .   8

Reddition de la place après la capitulation . . .   2

Fautes de l'ennemi, négligences de sa part ou retardements imprévus plus value des défenses, estimée
à ci   8
                                                    ———
                    TOTAL 160

Cette estimation étant proposée pour servir au réglement
des magasins, j'aurais peut-être dû la faire un peu plus
forte, pour n'être pas exposé à manquer de subsistance ou
autres besoins à la fin d'un siége, qui pourrait durer plus
longtemps qu'on ne l'aurait jugé, soit par la faiblesse des attaques, la vigueur de la résistance ou par les retardements
des convois des assiégeants qui peuvent quelquefois être dé-
rangés, pendant des siéges de si longue haleine, toutes ces
choses étant même arrivées, lorsque M. de Melac défendit
cette place en 1502; mais ayant fait réflexion sur les pertes
d'hommes, les blessés, désertés, gens épars ou cachés, j'ai
jugé que cela pourrait faire un équivalent de quinze jours
ou trois semaines capables de suppléer au défaut, si les con-
sommations ne sont faites qu'à propos.

Estimation des Poudres nécessaires dans la place pour en soutenir le siége.

	livres	onces.
Une livre de poudre de 16 onces quand elle est bonne, peut fournir à 30, 32, 36, même jusqu'à 40 coups de mousquet, compris l'amorce ; chaque soldat peut tirer 75, 80 et 90 coups pendant sa garde, ce qui revient à la consommation de 2 l. ½ de poudre par homme ; sur ce pied nous compterons pour les 1,542 hommes de garde aux attaques ci	3,855	»
Pour les 771 hommes de garde aux postes non attaqués, à raison d'un quarteron pour chacun	192	12
Aux 266 cavaliers de garde, à raison du quarteron chacun	66	8
Pour 300 coups de canon, estimés à 5 l. l'amorce comprise	1,500	»
Pour 300 coups d'arquebuses avec un fusil à chevalet, estimé à 2 onces chacun	37	8
TOTAL . . .	5,651	12

	livres.	onces.
Et pour 151 jours d'attaque	853,414	4
Plus pour 9 jours d'investiture à 1500 l. par jour à cause du canon, des sorties et fréquentes escarmouches qui se font en ce temps-là, ci	13,500	»
Actions extraordinaires pendant le cours du siége par estimation et par rapport à la grande quantité d'ouvrages à défendre les uns après les autres, ci .	70,000	»
Pour charger et tirer 5,000 bombes à 16 l. chacune	80,000	»
Pour charger et tirer 6,000 demi-bombes à 6 l. chacune	36,000	»
Pour tirer 20,000 coups de mortiers-pierriers à 1 l. $\frac{1}{2}$ chacun	30,000	»
Consommation de 50,000 grenades à 4 onces $\frac{1}{2}$ chacune	14,062	8
Pour mine et fougasse pour estimation .	44,000	»
Poudre brûlée dans les brèches . . .	9,000	»
Artifices	10,000	»
Déchet	15,000	»
Reddition	12,000	»
TOTAL de la quantité de poudre nécessaire dans la place, que nous supposons être saine et de bonne qualité	1,186,967	12

livres.   onces.

Comme il n'est pas impossible que l'ennemi ne fasse des fautes, qui causeront du retardement on ne ferait que très bien d'ajouter 13,023 l. 4 onces de poudre de plus pour achever le nombre complet de   1,200,000   »

Au moyen de cette quantité de poudre, la place sera suffisamment munie de celle nécessaire à sa défense, sauf à y en ajouter 10 milliers de plus pour satisfaire aux escortes, aux partis et aux détachements journaliers qui se font en temps de guerre, et partant le total général pourra monter. . .   1,210,000   »

Pour faire l'estimation des plombs il n'a qu'à doubler le nombre de la quantité de poudre destinée à l'usage de la mousqueterie, et on aura celle du plomb nécessaire auquel il faudra ajouter un 20e pour le déchet et pour celui qui pourra être employé par le canon ; ainsi, la quantité de poudre destinée à la mousqueterie, suivant le calcul précédent, devant être de 681,413 livres, le double sera de 1,362,826 livres, auquel ajoutant le 20e du total on trouvera 1,430,967 l. qui est la quantité de plomb nécessaire à l'usage des poudres, ci   1,430,965   »

On ne compte qu'un vingtième à cause du plomb et de l'étain qu'on pourra trouver chez les bourgeois de la ville.

Cette estimation est faite sur le pied de 16 balles à la livre, et demi-once de poudre par coup ; mais, si l'on employait d'autres calibres, comme de 18 à la livre ou autres, il serait aisé, par le moyen d'une règle de trois, de faire la réduction qu'on jugerait à propos.

Nous n'étendrons pas plus loin les estimations en détail des munitions et provisions nécessaires , et nous nous contenterons de les marquer dans la table suivante après en avoir fait une supputation exacte, conforme à la force de la garnison et à la durée du siége énoncée ci-devant, et ce qui concernera les vivres y sera employé pour six mois; mais il faudrait les augmenter considérablement si l'on appréhendait un blocus tel que celui que cette place a souffert avant le siége de 1702, autrement cette estimation serait défectueuse.

La première colonne de la table suivante contient l'extrait de l'état général des munitions nécessaires; la deuxième, ce qu'il y a d'existant dans les magasins de la place; la troisième, ce qu'il y faut ajouter pour satisfaire au désir de la première colonne ; et la quatrième énonce les munitions de rebut et hors de service.

	État des munitions nécessaires à la place.	Ce qu'il y a de provisions dans les magasins.	Celles qu'il faut de plus pour remplir la première colonne.	Munitions de rebut et hors de service.

LA GARNISON.

Infanterie, dont les trois quarts ou les deux tiers au moins de Français, et l'autre de Suisses ou étrangers.	hommes. 8,000			
Cavalerie.	800			

LES VIVRES.

Nota. Que dans l'estimation suivante on a augmenté d'un quart pour les officiers des troupes, les valets d'hôpital, ingénieurs, canonniers, mineurs, char-pentiers, charron, armuriers, et autres gens nécessaires à la défense de la place, qui ne sont pas comptés dans le nombre des troupes, où il n'est fait mention que des soldats et cavaliers.

Une provision de grains pour six mois, dont les deux tiers de froment et l'autre de seigle, ce qui fait pour le froment en sac du poids de 200 livres, ci.	sacs. 9,338			
Et pour le seigle.	4,889			

Nota. Que le sac du poids de 200 liv., qui est la manière d'ensacher les grains des vivres de l'armée, doit faire 135 rations de 2 livres pesant, qui est le poids qu'on leur donne en temps de siége; la ration d'une livre et demie n'étant pas alors suffisante pour la nourriture du soldat.

	État des munitions né-cessaires à la place.	Ce qu'il y a de provisions dans les magasins.	Celles qu'il faut de plus pour remplir la pre-mière colonne.	Munitions de rebut et hors de service.
Pois pour trois jours de la semaine, à raison du quarteron par ration et compris un cinquième d'augmentation, le septier estimé à 235 livres pesant. . .	septiers. 836			
Fèves, la même quantité par ration et pour deux jours de la semaine, durant six mois, avec un cinquième d'aug-mentation comme dessus, ci.	584			
Lentilles, pour deux jours de la semaine, idem.	584			
Riz.	63			
Orge mondé.	63			
Orge en grain pour faire manger à la volaille	600 muids.			
Sel.	560 livres.			
Poivre.	600			
Clous de girofle.	450			
Canelle.	64			
Muscades.	64			
Ails, sur le pied de deux têtes tous les jours, à chaque chambrée, pendant six mois, lesdites chambrées estimées à six hommes, et les bottes à vingt têtes chacune, la sixième partie comptée pour le déchet	bottes. 22,418			

	État des munitions nécessaires à la place.	Ce qu'il y a de provisions dans les magasins.	Celles qu'il faut de plus pour remplir la première colonne.	Munitions de rebut et hors de service.
Oignons, distribués sur le pied de deux par jour à chaque chambrée, les torches composées de vingt têtes chacune, déchet compris..........	torches. 22,448			
Lard salé à demi-quarteron par ration, pendant cinq jours de la semaine, la sixième partie comptée pour le déchet.	quintaux 1,573			
Bœufs et vaches, distribués sur le pied de demi-livre par ration, pendant les cinq jours gras de la semaine, avec un quart d'augmentation pour les officiers, valets, canonniers, bombardiers, mineurs, et la dixième partie comptée pour le déchet, à chaque bœuf et vache, sur le pied de 350 livres pesant l'une portant l'autre..........	3,865			
Moutons, pour les officiers malades et blessés, sur le pied d'une livre par chaque officier, et autant pour les blessés et malades ; le nombre des officiers estimé à 420, et chaque mouton à 30 liv. pesant, l'un portant l'autre qui, réduit au poids, feront...........	2,200			
Veaux et volailles, pour les blessés ; tout ce qu'on en pourra nourrir chez les particuliers, dans les fossés et dehors de la place, et partout ailleurs, où il y aura lieu à cela.				
Fromages, pour les jours maigres de six mois, à compter deux jours par semaine, à raison d'un quarteron par jour à				

	État des munitions nécessaires à la place.	Ce qu'il y a de provisions dans les magasins.	Celles qu'il faut de plus pour remplir la première colonne.	Munitions de rebut et hors de service.
chaque soldat, compris un cinquième d'augmentation pour les officiers et autres, et un sixième pour le déchet. . .	quintaux 1,605			
Morue sèche ou stoch fisch.	1,900			
Morue verte.	1,900			
Harengs saurs.	caques. 600			
Harengs blancs.	600			
Beurre salé ou fondu, à demi-quarteron par ration, pendant deux jours de la semaine.	quintaux 800			
Bonne huile de noix et de navette, pour éclairer ou pour la soupe des jours maigres.	pipes. 65			
Noix.	septiers. 550			
Poires et pommes sèches, ce qu'on en pourra avoir.				
Pruneaux pour les malades.	quintaux 35			
Huile d'olive de bonne qualité.	pipes. 70			

BOULANGERIE.

Fours de 10 à 12 pieds de diamètre, réduits chacun avec le logement nécessaire pour les boulangers; pétrins,

	État des munitions nécessaires à la place.	Ce qu'il y a de provisions dans les magasins.	Celles qu'il faut de plus pour remplir la première colonne.	Munitions de rebut et hors de service.
chaux-fours, et au bureau pour la distribution du pain, pelles, fourgons, tables, maie à pétrin, chaudures, bois, fagots en quantité suffisante pour pouvoir employer continuellement nombre suffisant de boulangers.	fours. 10			
Moulins à cheval capables de moudre chacun six septiers de blé par jour.	moulins. 15			
Moulins à bras capables de pouvoir moumoudre chacun un septier de blé par jour.	38			

Lesquels doivent être en souterrain, autant qu'on le pourra, et pour suppléer aux deux moulins à eau qui sont dans la ville, lesquels peuvent être brisés par les bombes ou interrompus, observant d'ailleurs que si partie des grains étaient en farine, on pourrait diminuer à proportion le nombre des moulins.

BOISSONS.

Vin de bonne qualité, à raison d'un demi-pot de camp par ration, pendant six mois, le foudre contenant 24 mesures de Strasbourg, et la mesure 24 pots de camp, l'estimation augmentée d'un tiers pour les officiers, les valets d'hôpital, ingénieurs, canonniers et mineurs, charpentiers, charrons, armuriers, et autres gens nécessaires à la

	État des munitions nécessaires à la place.	Ce qu'il y a de provisions dans les magasins.	Celles qu'il faut de plus pour remplir la première colonne.	Munitions de rebut et hors de service.
défense de la place, qui ne sont pas comptés dans le nombre des troupes, où il n'y a que les soldats et cavaliers, et pour tant.	foudres. 1,833			
Eau-de-vie, distribuée à raison de deux petites mesures par jour, de celle que les brandeviniers vendent un sol aux soldats	muids. 430			

Nota. Qu'on ne fait point mention de bière, parce qu'elle est fort rare dans le pays, qui est très abondant en vin, dont les caves d'un grand nombre de bourgeois de la ville sont toujours remplies.

FOURRAGES.

Rations complètes en foin, en paille et en avoine; la ration de foin sur le pied de 20 livres pesant, celle de paille de 5 livres, et celle d'avoine de 3 quarts de boisseau, mesure de Paris, l'estimation augmentée d'un tiers à cause des autres chevaux, et le déchet à cinq pour cent, ci.	rations. 205,700			

MEUBLES D'HOPITAL.

Lits composés de leurs chalits, paillasses, matelas, traversins et couvertures. . .	lits. 525			

	État des munitions nécessaires à la place.	Ce qu'il y a de provisions dans les magasins.	Celles qu'il faut de plus pour remplir la première colonne.	Munitions de rebut et hors de service.
Couvertures de rechange ou pour doubler quand il fait froid.	525 paires.			
Draps.	1,050			
Draps pour ensevelir les morts.	790 chemises.			
Chemises de rechange.	1,050			
Nappes.	130 douzain.			
Serviettes.	105			
Batterie de cuisine complète, avec tous les ustensiles nécessaires, et une grande quantité de vaisselle d'étain et de fer, pour l'usage des malades et blessés.				
Fagots pour l'hôpital.	fagots. 15,600			
Bois des cordes.	cordes. 800			

Nota. Qu'au défaut des fagots qui sont rares, on pourra augmenter le nombre des cordes de bois.

Vieux linge pour faire de la charpie, tout ce qu'on en pourra avoir.

ARTILLERIE.	État des munitions nécessaires à la place.	Ce qu'il y a de provisions dans les magasins.	Celles qu'il faut de plus pour remplir la première colonne.	Munitions de rebut et hors de service.
Canons de 24 liv. de balle, montés sur les affuts ordinaires.	20	8	12	
Canons de 16 liv. montés id. .	24	7	13	
de 12.	26	8	18	
de 8.	28	2	26	
de 4.	30	28	2	
Total de l'artillerie de fonte.	128	53	75	
Arquebuses à croc montées de leur chevalet ou fusils à chevalet.	200	21	139	
BOULETS.				
Du calibre de 24 livres à 800 coups par pièce.	boulets. 16,000	55,020		
Du calibre de 16 livres à 800 coups par pièce.	19,200	8,490	10,310	
De 12 à 800	20,800	19,240	1,560	
De 8 à 800	22,400	3,362	18,638	
De 4 à 800	24,000	23,823	483	
	102,400			

Nota. Que de 28 pièces de 4 mentionnées à la 1e colonne, il n'y en a que 9 de ce tableau, les autres sont de 6, 5, 3, 2 et 1 et demi, qui pourront servir autant que les pièces de 4 étant pourvus de leurs boulets.

Nota. Que les 23,823 boulets sont à peu près à nombre proportionné pour les pièces de 6, 5, 4, 3, 2 et 1 et demi, mentionnés ci-dessus.

	État des munitions nécessaires à la place.	Ce qu'il y a de provisions dans les magasins.	Celles qu'il faut de plus pour remplir la première colonne.	Munitions de rebut et hors de service.
MORTIERS.				
De 12 à 13 pouces de diamètre.	12	7	5	
De 18 pouces de diamètre, pour tirer des pierres.	20	0	20	
Du calibre de 33, pour tirer des bombes.	12			
Bombes, grenades et paniers à tirer des pierres.				
Pour le calibre de 12 à 13 pouces de diamètre.	bombes. 5,000			
Demi-bombe du calibre de 33	b. par 3 6,000			
Pour celui de 18, à tirer des pierres. . .	grenades 6,000			
Grenades à main.	50,000			
Affûts à plates-formes garnies.				
Affûts de campagne de réserve pour pièce de 24..	15			
De 16.	18			
De 12.	20			
De 8.	22			
De 4.	24			
Total.	99			

	État des munitions nécessaires à la place.	Ce qu'il y a de provisions dans les magasins.	Celles qu'il faut de plus pour remplir la première colonne.	Munitions de rebut et hors de service.
Affûts de réserve pour toutes les pièces à l'usage des places, plus solides et moins chers que ceux de campagne, non compris les montés.	141			
Affûts de mortiers à grosses bombes garnis de tout ce qui leur fait besoin. . .	20			
Affûts des mortiers à demi-bombes garnis de tout ce qui leur fait besoin. . .	20			
Affûts des pierriers.	33			
Plates-formes de 18 pieds de long, sur 10 1/2 de large composées de gistes et heurtoirs nécessaires, pour en avoir un tiers en réserve plus que de pièces, ci.	170			

Une plate-forme, pour être bien faite, doit être composée d'un heurtoir de 3 pieds de long sur 6 à 7 pouces carrés, et de dix-huit madriers de 10 pieds et demi réduits de long, sur 1 de large, et de 2 pouces et demi d'épais ; le tout cloué à tête perdue dans le bois, et bien uniment, avec pente de 4 pouces du derrière au devant.

Les plates-formes de mortiers ont 6 à 8 pieds carrés, et sont ordinairement composées de madriers redoublés en croix de 7 à 8 pouces d'épaisseur, posés de niveau sur la terre, auparavant bien battue et aplanie.

Plates-formes pour les mortiers et pier-

	État des munitions nécessaires à la place.	Ce qu'il y a de provisions dans les magasins.	Celles qu'il faut de plus pour remplir la première colonne.	Munitions de rebut et hors de service.
riers, la moitié plus que de mortiers, et partant.	88			
Coins de mire à manche pour le canon, à trois par pièce.	384			
Leviers.	542			
Lanternes de tout calibre, un tiers de plus que n'est le nombre des pièces, partant.	470			
Écouvillons garnis de leur refouloir. . .	470			
Épinglettes pour déboucher les lumières.	128			
Boutes-feu garnis de double serpentin et fer en pointe par le bout de manche. .	60			
Semelles autant que d'affûts, et partant.	240			
Portières à l'épreuve du mousquet, garnies de leur chássis.	60			
Fronteaux de mire à l'épreuve.	60			
Crics simples ou vindas.	10			
Gros crics à double force.	3			
Chèvres garnies de leurs leviers, poulies et cables.	10			
Jumelles garnies de leurs pièce et cheville de fer.	6			

	État des munitions nécessaires à la place.	Ce qu'il y a de provisions dans les magasins.	Celles qu'il faut de plus pour remplir la première colonne.	Munitions de rebut et hors de service.
Tricque-balle.	6			
Traîneau pour les pièces de canon. . .	40			
Pièces de fer de 4 pieds et demi de long.	56			

CORDAGES.

	État des munitions nécessaires à la place.	Ce qu'il y a de provisions dans les magasins.	Celles qu'il faut de plus pour remplir la première colonne.	Munitions de rebut et hors de service.
Cable de 5 pouces de tour sur 6 toises de long.	6			
Double prolonge.	26			
Prolonge simple de 16 lignes de diamètre sur 6 toises de long.	14			
Traits communs de 10 pieds de long sur 3 pouces et demi de tour.	paires. 16			
Gros traits à canon de 5 pouces de tour sur 10 pieds de long.	paires. 14			
Traverses de 4 toises de long sur 3 pouces et demi de tour.	14			
Petits traits de 3 pouces et demi de tour sur 10 pieds de long.	paires. 14			
Autre cordage de la grosseur du doigt et partie de celle du pouce.	toises. 900			
Harnais complets pour des chevaux de trait.	50			
Charrettes à ridelles et plancher pour mener des munitions de toutes espèces. . .	30			

	État des munitions nécessaires à la place.	Ce qu'il y a de provisions dans les magasins.	Celles qu'il faut de plus pour remplir la première colonne.	Munitions de rebut et hors de service.
FERRONNERIE.				
Grosse forge garnie de soufflet, enclume, bigorne et marteaux, tenailles, étaux, et généralement de tout ce qui leur peut faire besoin.	10			
Boutiques d'armurier, garnies de leur forge, et de tout les outils nécessaires à pouvoir employer chacune quatre hommes.	10			
Boutiques de serrurier, idem.	12			
Forges de taillandier, garnies de leur émuloir, et de tout les outils nécessaires au métier.	10			
Fer plat et carré de tous échantillons. . .	quintaux 1,400			
Acier bien choisi.	quintaux 50			
Clous picards.	15,000			
Clous picards de 6 pouces de long. . . .	50,000			
Autres gros clous de différentes espèces.	9,000			
Clous à crochet.	9,000			
Charbon de bois.	vans. 8,000			

Le van est une mesure de charbon qui n'est autre qu'un van à vanner que l'on remplit tant qu'il en peut tenir, et un van peut entretenir une forge commune une journée entière ou fort approchant.

On ne fait point intention de charbon de terre quoiqu'il soit d'un bien meilleur usage, parce qu'il n'y en a point dans le pays.

ARMES A FEU.

	État des munitions nécessaires à la place.	Ce qu'il y a de provisions dans les magasins.	Celles qu'il faut de plus pour remplir la première colonne.	Munitions de rebut et hors de service.
Mousquets de réserve de même calibre, bien conditionnés et de bon fer. . . .	4,583			
Bons fusils à l'épreuve, à grosse platine, façon de celles de boucanier, bien choisis et de bonne qualité.	12,000			
Fusils à canon rayé bien éprouvés. . . .	2,000			
Mousquetons avec leur bandoulière. . .	250 paires.			
Pistolets.	350 paires.			
Pistolets de ceinture.	250			
Mousquetons d'un pied et demi de canon pour les mineurs.	100			
Baguettes de réserve.	6,000			
Baguettes de fer avec tire-bourre à grattoir.	300			
Cousinets avec leur lamier.	4,000			
Banquettes à monter et calibrer les cartouches.	300			

	État des munitions nécessaires à la place.	Ce qu'il y a de provisions dans les magasins.	Celles qu'il faut de plus pour remplir la première colonne.	Munitions de rebut et hors de service.
Torchons de vieille toile pour essuyer et nettoyer les armes, de demi-aune carré chacun.	1,200			
ARMES DE MAINS.				
Épées de réserve.	1,200			
Sabres.	600			
Baïonnettes à douille le bout du canon.	2,000			
Faulx à revers.	240			
Hallebardes.	300			
Spontons à fer carré émoulu, de 15 à 18 pouces de long, embranché d'autant avec la hampe de 6 pieds ferrée par le talon.	900			
Piques à fer carré et émoulu.	1,500			
OUTILS ET MATÉRIAUX DE RÉSERVE.				
Haches communes, bonnes et bien emmanchées, et choisies.	350			
Serpes emmanchées.	600			
Fourches ferrées, emmanchées, de 6 pieds de long.	400			
Louchets bien emmanchés, avec le croissillon au bout.	100			

	État des munitions nécessaires à la place.	Ce qu'il y a de provisions dans les magasins.	Celles qu'il faut de plus pour remplir la première colonne.	Munitions de rebut et hors de service.
Pics à hoyaux..................	150			
Feuilles de sauge.............	300			
Pics à roc bien assurées, ayant bon œil et bonne tête...............	300			
Pelles à feu appelées escoupes.......	700			
Bêches.....................	200			
Pelles de bois ferrées............	250			
Pelles de bois non ferrées.........	250			
Brouettes...................	400			
Hottes garnies de bretelles.........	1,200			
Baneaux....................	60			
Planches de bois blanc ou de sapin....	1,800			
Bois à faire ponts d'ouvrages de 8, 9 à 10 pouces de tour...............	toises. 900			
Claies de 6 pieds de long et de 3 de large....................	300			
Madriers de 6 pieds sur 4 pouces d'épais et un pied de large............	400			
Palissades de réserve............	40,000			
Manches d'outils de toutes sortes......	3,000			

	État des munitions nécessaires à la place.	Ce qu'il y a de provisions dans les magasins.	Celles qu'il faut de plus pour remplir la première colonne.	Munitions de rebut et hors de service.
Bois blanc ou de sapin, propre à faire des radeaux, de 3 à 8 pouces carrés sur 10 à 12 pieds de long.	toises. 500			
Cordages pour attacher les radeaux et conduire, moitié du doigt de gros, et l'autre d'un pouce.	toises. 300			
Planches de même bois de pouce et demi d'épais sur un pied de large.	toises. 500			
Pièces de bois de chêne ou de sapin de 10 à 12 pieds de long sur 9 à 10 pouces de gros, propres à faire des retranchements dans les places d'armes, des chemins couverts et des réduits dans les demi-lunes.	pièces. 1,400			
Pièces de bois d'un pied de gros et de 13 à 14 pieds de long, propres à faire des appentis pour se préserver de la bombe, et couvrir les écluses.	pièces. 600			
Chevaux de frise à quatre rangs de pointes dont les arbres auront 12 pieds de long sur 5 à 6 pouces de diamètre, les pointes ayant 2 pieds de long de part et d'autre sur 20 lignes de diamètre. .	200			
Paniers à parapet de 15 pouces de hauteur sur 12 de diamètre par en haut réduit 10 et demi par en bas.	9,000			
Sacs à terre sur 8 pouces de diamètre et 20 pouces de long.	18,000			

OUTILS DE MINEURS.	État des munitions nécessaires à la place.	Ce qu'il y a de provisions dans les magasins.	Celles qu'il faut de plus pour remplir la première colonne.	Munitions de rebut et hors de service.
Marteaux à deux pointes bien aciérées. .	100			
Marteaux pointus par un bout et fourchus par l'autre, aciérés comme dessus, et court emmanchés.	400			
Tranches.	120			
Petites pinces de fer de 2 pieds et demi de long	100			
Coins de fer.	130			
Ciseaux..	130			
Masses de fer.	450			
Pelles de fer courbées.	100			
Écoupes court emmanchées	100			
Couteaux à terre.	100			
Terrières pour sonder.	30			
Paniers à deux anses pour vider les terres	300			
Petites haches.	30			
Bois pour étayer les mines, de 3 à 4 pouces carrés sur 4 pieds et demi de long.	3,000			
Grosse toile forte et serrée propre à faire des saucisses..	aunes. 600			

	État des munitions nécessaires à la place.	Ce qu'il y a de provisions dans les magasins.	Celles qu'il faut de plus pour remplir la première colonne.	Munitions de rebut et hors de service.
Bois pour faire des tours à chevalet. . .	toises. 160			
Cordages d'un pouce de diamètre pour les bouriquets.	toises. 500			
Angelets.	toises. 3,000			
Chandeliers de fer avec un piquet en bas et l'autre en équerre.	480			
Planches de sapin d'un pouce et demi d'épaisseur, ou tout au moins d'un pouce sur 2 toises de long et un pied de largeur pour les mines.	9,000			
Planches de 2 pouces d'épais et 1 pied de large pour faire des brouettes et coffres à fougasse.	toises. 300			
MACHINES.				
Tripler les équipages des écluses à cause des accidents qui peuvent arriver.				
Bateaux de 30 pieds de long et de 8 pieds de large sur 2 et demi de profondeur, ou approchant.	20			
Dragues pour enlever les vases du fond des fossés.	20			
Crocs à pousser les bateaux.	40			
Rames.	80			

	État des munitions nécessaires à la place.	Ce qu'il y a de provisions dans les magasins.	Celles qu'il faut de plus pour remplir la première colonne.	Munitions de rebut et hors de service.
Écope de bois pour épuiser les eaux. . .	20			
Faulx en croissant pour couper les herbes sur le fond.	16			
Crocs à trois pointes recourbées, pour tirer les glaces, gazons, et autres ordures, du fond des fossés.	30			
Louchets tranchants emmanchés de long, pour détacher les gazons du fond. . .	20			
OUTILS POUR LES ACCIDENTS DU FEU.				
Grandes échelles de 30 pieds de long. .	16			
Moyennes de 20 pieds de long, ci. . .	30			
Autres petites de 10 pieds de long. . .	50			
Crocs ferrés propres à tirer les maisons à bas.	50			
Seringues d'une bonne grandeur pour éteindre le feu.	9			
PROVISIONS DE MATÉRIAUX QUI NE SONT NÉCESSAIRES QUE DANS L'ATTENTE D'UN SIÈGE.				
Gabions de 6 pieds de haut sur 4 pieds et demi de diamètre.	800			
Gabions de 3 pieds de diamètre sur autant de haut.	3,000			

	État des munitions nécessaires à la place.	Ce qu'il y a de provisions dans les magasins.	Celles qu'il faut de plus pour remplir la première colonne.	Munitions de rebut et hors de service.
Fascines en provisions.	50,000			
Piquets de 3 pieds de long.	60,000			
Vieilles futailles pour faire des retranchements et des batteries.	1,800			
Fourches pour hutter dans les dehors.	2,080			
Fertiers de 10 pieds de long.	1,040			
Pailles pour couvrir les hangars et se coucher. . . . , ...	12,000			
TENTES.				
Supposons que les troupes seront pourvues des leurs, pour les extraordinaires.	200			
LES POUDRES, LES PLOMBS ET LEURS ACCOMPAGNEMENTS.				
Poudre suivant l'estimation ci-devant. .	livres. 1,210,000			
Plomb, par rapport à la quantité de poudre destinée à la mousqueterie, comptant sur le pied de 32 coups par livre de poudre, et de 16 balles à la livre de plomb, un vingtième pour le déchet et pour celui qui pourra être employé par le canon.	livres. 1,430,967			
Mêches.	300,000			
Pierres à fusil ou à mousqueton bien				

	État des munitions nécessaires à la place.	Ce qu'il y a de provisions dans les magasins.	Celles qu'il faut de plus pour remplir la première colonne.	Munitions de rebut et hors de service.
choisies, à 20 pour chacun, à cause de la longue durée du siége	283,000			
Pierres à pistolets, idem.	12,000			
Moules à faire quarante balles à la fois, accommodés au calibre des mousquets de la place.	40			
Moules du calibre des arquebuses à croc.	10			
Cuillers de fer à fondre le plomb.	40			
Tricoises et pincettes à rogner le plomb.	18			
Couteaux et ciseaux destinés au même usage	18			
Mesures de fer-blanc pour le canon, réglées sur la charge ordinaire, le tiers et le quart de charge de chaque pièce, à cause de la diversité des calibres.	1,000			
Mesures d'une livre pour la distribution aux troupes.	100			
D'une demi-livre pour le même usage.	60			
D'un demi-quarteron.	40			
Charges de bois pour les arquebuses à croc.	200			
Charge de bois pour la mousqueterie.	24,000			
De fer-blanc pour pistolets.	1,300			

	État des munitions nécessaires à la place.	Ce qu'il y a de provisions dans les magasins.	Celles qu'il faut de plus pour remplir la première colonne.	Munitions de rebut et hors de service.
Magasins de bois portatifs, pour les dehors et postes avancés, de 6 pieds de long 3 pieds de large sur 2 et demi de profondeur, mesurés dans œuvre, le vide séparé en trois parties égales ; le couvert est fait en dos d'âne, qui n'ouvre que de la moitié, l'autre contenant encore trois petites armoires pour des munitions ; le tout bien goudronné, et couvert d'une peau passée avec son poil.	70			

ARTIFICES.

	État des munitions nécessaires à la place.	Ce qu'il y a de provisions dans les magasins.	Celles qu'il faut de plus pour remplir la première colonne.	Munitions de rebut et hors de service.
Tourteaux goudronnés, à 600 de consommation par nuit, pendant 150 nuits de tranchées.	90,000			
Fascines goudronnées, de 2 pieds et demi de long sur 6 pouces de diamètre, à 150 de consommation, pendant 150 nuits..	22,500			
Menus copeaux de bois fendu, secs et goudronnés.	charriots. 12			
Fagots choisis non goudronnés.	6,000			
Bois de moule.	cordes. 600			
Balles ardentes, à pouvoir tirer avec les mortiers de 33.	3,000			
Balles à feu de la grosseur d'une grenade pour jeter à la main.	8,000			

	État des munitions nécessaires à la place.	Ce qu'il y a de provisions dans les magasins.	Celles qu'il faut de plus pour remplir la première colonne.	Munitions de rebut et hors de service.
Porte-feu de grosses bombes.	6,000			
Porte-feu de petites bombes.	10,000			
Porte-feu de grenades.	80,000			
Barils foudroyants. . . . , ...	200			
Lances d'attaque qui tirent quatre coups chacun.	400			
Lances à éclairer.	800			
Cercles à feu pour le même effet. . . .	800			
Roches à feu pour allumer les artifices. .	100			
Cire neuve.	quintaux 18			
Poix résinée.	40			
Poix noire.	40			
Goudron.	tonnes. 100			
Huile de noix ou de navette pour les lampes.	barriques 16			
Huile de lin ou de pétrole.	10			
Huile de térébenthine.	10			
Suif. . . . . , ...	quintaux 42			
Chandelles de 8 à la livre.	livres. 2,000			

	État des munitions nécessaires à la place.	Ce qu'il y a de provisions dans les magasins.	Celles qu'il faut de plus pour remplir la première colonne.	Munitions de rebut et hors de service.
Flambeaux de cire.	1,000 livres.			
Soufre.	1,800			
Charbon de bois blanc.	quintaux 40			
Lampes.	50			
Ficelle commune.	livres. 1,000			
Ficelle double.	300			
Papier commun.	rames. 150			
Papier gris.	600			
Parchemin pour gargousses.	feuilles. 400			
Fer-blanc	feuilles. 300			
Clous à demi picards.	4,000			
Clous à crochet.	2,500			
Lanternes claires.	50			
Lanternes sourdes.	15			
Réchaux à goudron, dont le fond soit comme un plat avec une pointe au milieu, le reste comme une carcasse d'une lanterne ; le tout suspendu avec une chaînette de fer au bout d'une hampe de 10 pieds de long.	100			

	État des munitions nécessaires à la place.	Ce qu'il y a de provisions dans les magasins.	Celles qu'il faut de plus pour remplir la première colonne.	Munitions de rebut et hors de service.
Petits charriots à feu pour porter du feu à éclairer loin du chemin couvert. . .	50			
Poulies de 5 pouces de diamètre, garnies de leurs moufles.	100			
Cordages pour les poulies, de la grosseur du doigt.	toises. 600			
Fil retord double pour coudre.	livres. 40			
Aiguilles communes.	1,000			
Petits maillets pour charger les portes-feu. . . . . , ...	60			
Baguettes à charger les porte-feu des bombes et des grenades.	200			
Étoupes	quintaux 18			
Grosse toile.	aunes. 2,000			
Treillis.	2,000			
Verre pillé, ce qu'on en pourra trouver chez les verriers et vitriers.				
Limaille de fer, ce qu'on en pourra ramasser chez les serruriers et autres.				
Écorce de tanneur ou sciure de bois, on en trouvera tout ce qu'on en aura besoin chez les tanneurs et aux chantiers des charpentiers.				

	État des munitions nécessaires à la place.	Ce qu'il y a de provisions dans les magasins.	Celles qu'il faut de plus pour remplir la première colonne.	Munitions de rebut et hors de service.
Ciseaux pour couper de la toile et du papier.	paires. 50			
Balances avec des poids pour peser depuis un jusqu'à cent.	10			
Romaines pour peser depuis cent jusqu'à cinq cents.	10			
Pesons communs.	20			

REMARQUES NÉCESSAIRES.

Première Remarque.

On s'est contenté de remplir la première colonne de la table ci—dessus de toutes les munitions nécessaires à la place, et on a laissé en blanc les trois dernières, parce qu'on fait de temps en temps des changements dans les magasins, de sorte que si on voulait par les suites se servir de cette table, ce qu'on aurait exprimé aujourd'hui dans ces trois dernières colonnes ne se trouverait plus juste ni conforme à ce qui serait alors dans lesdits magasins, et deviendrait, par conséquent, inutile; ainsi, il serait plus commode en ce temps—là de remplir lesdites trois colonnes que de les corriger.

Deuxième Remarque.

Nous avons compris dans les supputations des munitions de bouche celle des jours maigres comme si on devait les observer à la lettre; on sait cependant très bien que dans les places assiégées on n'en observe guère; mais nous avons annoncé qu'il fallait le faire, à telle fin que de raison, parce qu'il y en a toujours quelques—uns qui font maigre et qui vivent régulièrement, attendu même les dangers continuels auxquels les hommes sont exposés pendant un siége, ce qui les rend plus circonspects et plus retenus sur leur conduite à l'égard de la religion ; mais s'il n'y avait pas lieu de les pouvoir observer, il n'y aurait qu'à augmenter les vivres des jours gras à proportion : ce qui est aisé.

Troisième Remarque.

Il est fait mention dans ce mémoire de provisions considérables de bois de charpente, madriers, planches, palissades, fascines, piquets, gabions : c'est nécessaire pour servir à la défense de cette place. On ne peut guère tirer tous ces matériaux, en temps de paix, que de la forêt de Lagrèdre qui est dans les montagnes dont les chemins sont difficiles, et qui est éloignée de Landau de 5, 6 à 7 lieues; mais, la guerre étant déclarée, pour en faire le recouvrement et à moins de frais, on pourrait le prendre dans les bois de Belheim-Candel, de Bœvold, de Klinmunter, dépendant du prince palatin et de l'évêché de Spire, et dans celui de la baie d'Izertal, lesquels ne sont éloignés de cette place que de 2, 3 ou 4 lieues; et comme tous les villages du plat-pays sont bien pourvus de voitures, il serait aisé de faire transporter par corvées tous ces matériaux dans la place, et si l'on n'en avait pas suffisamment, on pourrait suppléer à ce qui en manquerait par les bois et planches provenant de la démolition de quelques maisons des environs de la ville et des casernes et autres bâtiments appartenant au roi, même des maisons bourgeoises dans lesquelles on trouverait de grands secours de planches en démolissant celles des planchers des greniers desdites maisons.

Quatrième Remarque.

Tous les villages du plat-pays des environs de Landau sont abondamment pourvus de bœufs, vaches, veaux, moutons, cochons, et même de volaille. Si cette place se trouvait menacée d'être assiégée dans un temps où elle ne serait pas approvisionnée des viandes nécessaires pour la subsistance de la garnison, on pourrait envoyer des détachements pour enlever tous les troupeaux des villages les plus voisins de la ville, et il serait aisé d'en rapporter plus qu'on n'en aurait besoin, pourvu qu'on fît cette opération avant que la place fût investie.

Cinquième Remarque.

Les vins des environs de Landau se conservent aussi longtemps qu'on veut, et plus ils sont gardés, plus leur bonté augmente : c'est pourquoi la plupart des bourgeois qui en font un gros trafic en ont toujours leurs caves remplies ; et comme les paysans des villages voisins réfugient le leur en temps de guerre dans cette place, elle en est toujours si abondamment pourvue que quand on n'en aurait fait aucune provision, on en pourrait trouver suffisamment chez les bourgeois pour la boisson de la garnison pendant un long siége, ce qui a déjà été éprouvé.

TABLE DES MATIÈRES.

FIN DE LA TABLE.

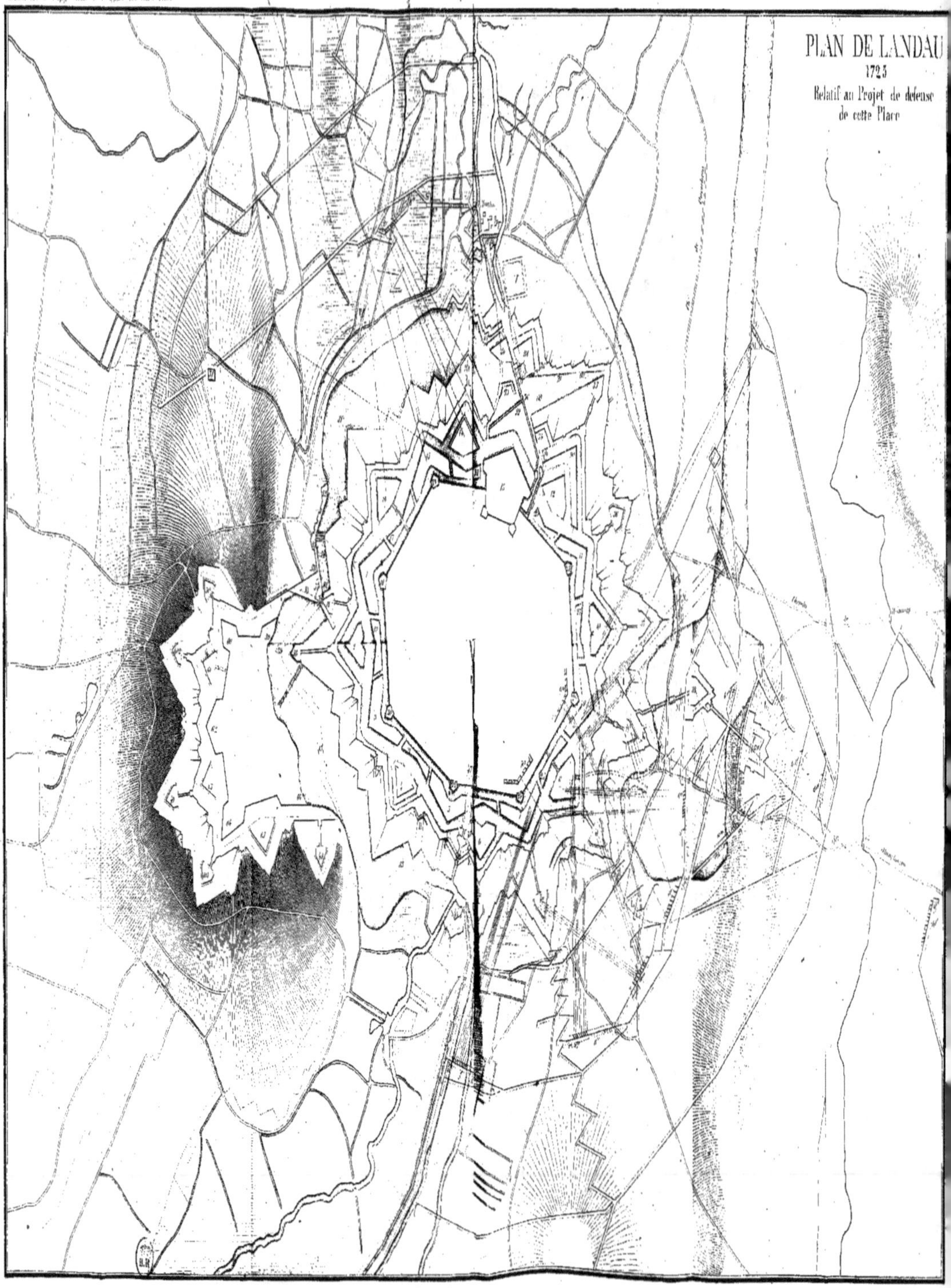

PLAN DE LANDAU
1723
Relatif au Projet de defense
de cette Place